旅する八百屋

Have a nice trip and Vegetaful life!!

青果ミコト屋

anonima st.

ぼくらは、青果ミコト屋。

鈴木鉄平と山代 徹の同級生コンビがはじめた、小さな八百屋です。

「ミコト」なんていうと神々しくて敬遠されがちなんですが、

神様とか命《みこと》とか、そういった意味ではありません。

この「ミコト」とは、

3つの「誠(マコト)」という言葉からできています。

「誠」とは、本当のこと、うそ、偽りのないことを意味しています。

誠の言葉。

誠の行動。

誠の意思。

この3つの「誠」がそろっていることを、

昔の人は「見事(ミゴト)」といったそうです。

また、3つともなっていないことを

「みっともない(3つともない)」といったそうです。

ぼくたちの「ミコト」の由来はそこからきています。

まだまだみっともないぼくたちですが、

「見事」を目指していきたい。

そんな想いから、青果ミコト屋は生まれました。

旅のはじまり

The Beginning of our traveling

1

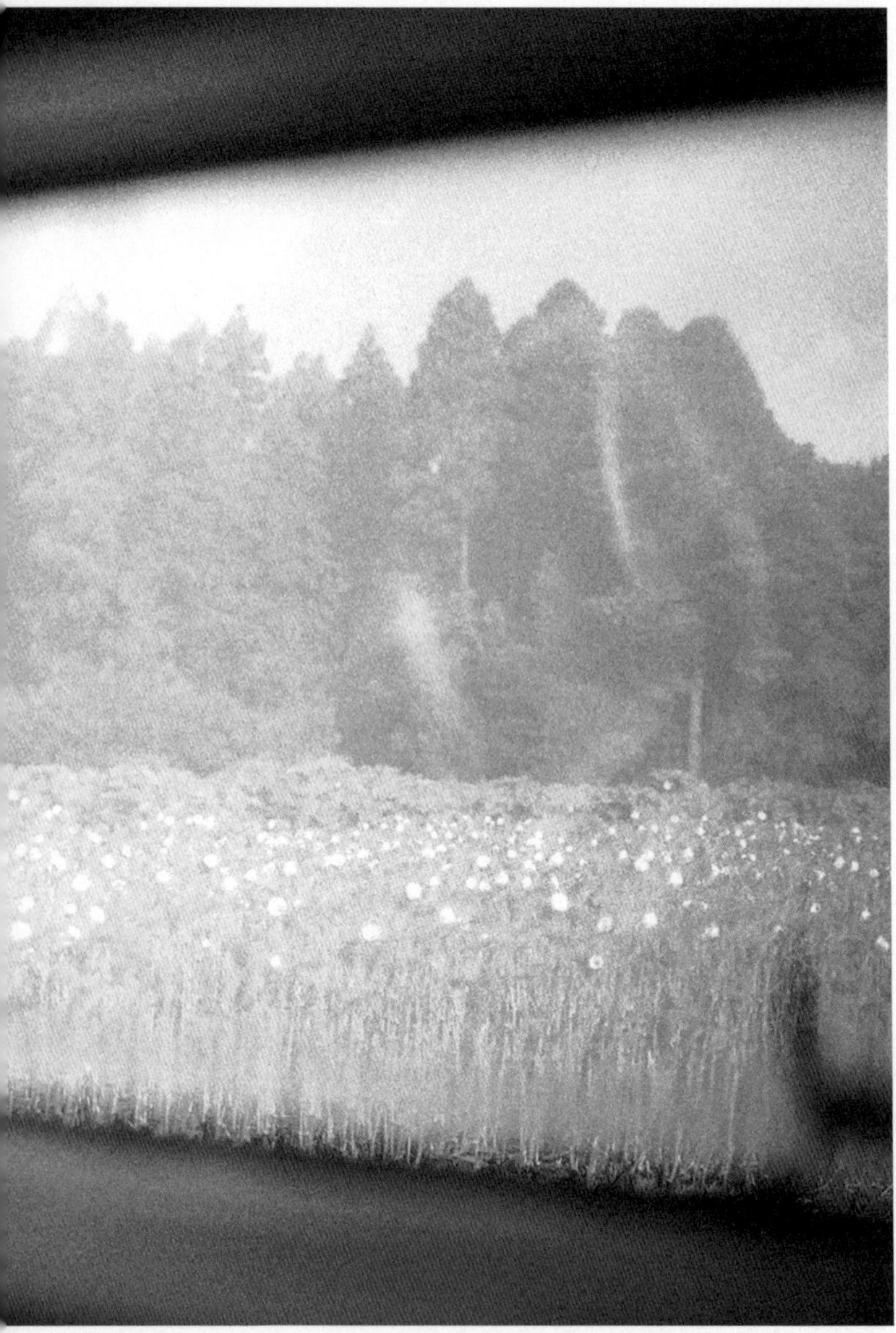

何かものたりない日々

何かをはじめるきっかけなんて、ひとつとは限りません。

ぼくらがミコト屋をはじめた理由もたくさんあって、おそらく20個くらいあります。

なかでも一番のきっかけになったのは、ネパールの山のなかにあるジョムソンという村で食べた、小さな「リンゴ」です。

ぼくたちはそれを「はじまりの果実」と呼ぶのです。


ぼく、鈴木鉄平と相棒の山代徹は、高校の同級生。同じサッカー部、同じバイト、同じ休日、高校の3年間は、親や彼女よりも長い時間を過ごしていました。地元も同じ横浜市青葉区で、卒業して違う大学に進んでからも、いつも一緒につるんでいました。夜な夜な遊びまわっては日が沈むまで眠る、太陽とは無遠の生活。モテたくて、カッコつけて、いきがって、結局ダサい、ぼくたちの青い春でした。

そんなウダウダした毎日に刺激を求め、ぼくは大学を休学。1年間、アメリカ西南部を旅してまわることにしました。現地で古いシェビーのバンを買い、後部座席を全部取っ払って、寝床にして暮らしていました。ネイティブアメリカンの精神性に惹かれ、〝リザベーション〟という彼らの指定居留区域を放浪する毎日。インディアンジュエリーやラグ、古着を買い漁り、食事はもっぱら、ハンバーガーとチェリーコーク、それにスーパーマーケットで売っている50個くらい入ったボール型のドーナツ。まったくもってジャンクな旅でした。

いつだって明日の予定もなく、時間だけが無限にあるような気がしていました。

「自分はこれからどんな人生を送るんだろう？」

「自分の生まれてきた意味って何なんだろう？」

あの頃は、そんなことばかり考えていました。

生物学的には同じモンゴロイドの日本人とネイティブアメリカン。異文化を受け入れることで近代化を達成した日本人と、時代と状況が変化しようとも自分たちの価値観をかたくなに守ってきたネイティブアメリカン。

「すべての生きものは私たちの兄弟と捉え、礼儀を尽くして必要なものだけをいただく」

そんな自然との調和を大切にする彼らの生き方に、どこか親しみのようなものを感じました。進むべき道はまだまだ見えないけれど、自分のなかに新しい何かが芽生えた気がしていました。

帰国後、復学したぼくは、なんとか大学を卒業しました。ところがアメリカで芽生えたはずの何かは、あっという間に日々の生活に埋もれていき、結局就職することに。

何がやりたいのかもわからず、なんとなく受けた面接で、なんとなく受かった会社。そこでぼくは、宝飾品の営業職に就きました。同じ頃、大学を卒業した徹は、名古屋で住宅系の営業職に就いていました。

ぼくが就職した会社は、いわゆる訪問販売といわれる業態で、どこか胡散臭い雰囲気がありました。自分もほしくないようなものを、〝ウマい〟こと言って売る仕事です。罪悪感を心のどこかで感じながらも、やればやるだけ収入は増えていきます。負けず嫌いも手伝って、営業成績と給料は、どんどん上がっていきました。

すると翌年、今度は徹がその会社に就職。またしても同じ道を歩むことになったのです。

とにかく熱意とバカ話で相手の懐に飛び込むぼくと、相手の心理を冷静に判断し、理路整然と購買意欲を誘う徹。へんてこコンビの営業成績はうなぎ上りで、2人で支社を持つまでに成長しました。そのうち組織ごと抜けて独立し、ぼくらはそれなりの稼ぎを手にしていました。

いつしかぼくたちのモチベーションは「男の甲斐性はお金を稼ぐこと」になり、朝から晩まで取り憑かれたように働き、休みの日はひたすら寝るという日々を繰り返していました。

「自分がほしいと思えないものを販売することは良いことではない。でも納得して買ってもらうのだから悪いことではない」

そんな、どっちつかずの悶々とした想いを抱えながら、機械的に日めくりカレンダーのような日々を過ごしていました。しかし当然ながら、そんな日々は長く続かないものです。それなりに稼ぐことはできても、やっぱり何かがもの足りない。

「豊かさって何だ?」

「人生って?」

「幸せって?」

「稼ぐって?」

そんなクエスチョンだらけの毎日に嫌気がさしたぼくたちは、その答えを「旅」に求めたのです。何が足りないのかもわからなかったけれど、旅に出ることで何かが変わると思ったのです。

26歳の時でした。

きっかけは小さな「リンゴ」

お金をたくさん持っていることだけが豊かさではないってこと。

まずはそれを確かめたいと、旅先はインド、ネパールに決めました。貧しい国といったらなんですが、プリミティブな生活圏に足を踏み入れてみたいと思ったのです。

誰しも一度行けば人生の価値観が変わる、なんていわれるインドでは、なかなかヘビーな洗礼を受けました。とにかくぼくらは何でも受け止めようと基本ニコニコ、オープンマインドで街を歩きました。すると親切顔なインド人がどんどん話しかけてくる。「おー！　気が合うなー！」とひとたび仲良くなると、彼らはことごとく裏切ってくるのです。ニューデリーでは怪しげな旅行会社に連れて行かれたり、10人くらいに囲まれて〝たかり〟にあったり、ガンジス川で沐浴したら赤痢になったり……。旅にトラブルはつきものとはいえ、なかなかの珍道中でした。

そんなバタバタのインドに比べ、ネパールに入ると何ともいえない安心感がありました。ヒマラヤの玄関口でもあり、海外からの観光客へのもてなしを生業《なりわい》にしている人も多いからか、みなフレンドリーで親切でした。

そして、何より彼らの働き方がとても気持ち良かったのです。朝は日が昇る前からみんな起きて働きはじめ、日が沈む頃には閉店。首都のカトマンズでも19時にはほとんど閉まっていました。ギラギラした日本のそれとはまったく違う静かな夜。いい悪いではなく、単純に太陽と同じリズムで暮らす人々を、うらやましく思いました。

そしてネパールに来たからには、間近で感じたいと思っていたのがヒマラヤの山々でした。たいした備えもなく、ほとんど勢いで決めたアンナプルナのトレッキングは想像以上に過酷でした。荒涼な大地に緑はなく、目につく色といえば、雪をかぶった白い山、それと灰色の岩の間にはためく色褪せたタルチョくらい。ひたすら続く乾いた砂利道。風は冷たく日ざしも容赦ない。何度も心が折れかけては、雄大で美しいダウラギリに背中を押されて歩き続けました。

あの小さなリンゴに出合ったのはそんな時でした。

山のなかを裸足で歩くグルン族のおばあさんが頭に担いだカゴから取り出したのは、小さな薄紅色のリンゴ。

たかがリンゴ、されどリンゴ。

疲れ果てた体には、これ以上ないタイミングでした。おいしくて、おいしくて、無心でかぶりつきました。何かを食べてこんなにしみたのは初めてでした。

厳しい環境下で育ったそのリンゴは、小ぶりで色もまだら。でも確かに何かが満ちあふれている感じがしたのです。

あのリンゴをきっかけに、ぼくたちは「食べる」ことについて、だんだんと真剣に考えるようになっていきました。

「普段、何気なく口にする食べものは一体どこから来ているんだろう？」

「今日食べたお米や野菜は、どうやって育ったんだろう？」

そんなことを考えているうちに、食べものが育つリアルな現場を見てみたくなり、さらには自分の手で「土に触れたい」と思いはじめたのです。

農家への道

思えば道は開けるものです。

帰国してすぐに、受け入れてくれる農家さんを探しました。とりあえず近所の農家さんを訪ねたり、農業系の本を読み漁ったり、フリーペーパーで紹介されていた畑に遊びに行ったり。とにかく衝動に任せて体当たりでした。「自然栽培」というものを知ったのもこの頃でした。

ちょうどその頃、青森のリンゴ農家・木村秋則さんの「りんごは愛で育てる」というドキュメンタリー番組を目にしました。

無農薬では不可能といわれていたリンゴ栽培を、農薬はもちろん、肥料すら与えずに育てる木村さんの姿に、ぼくは衝撃を受けました。畑をできるだけ自然の状態に近づけることで、そこに豊かな生態系が生まれる。徹底した自然観察から生まれる木村さんの「私の目が農薬であり、肥料なんです」という言葉は目からうろこでした。

そして何より、近所にあった衣食住のナチュラルなライフスタイルを提案するオーガニックショップ「ナチュラルハーモニー」との出合いは、ぼくらにとってかけがえのないものでした。「プランツ」という倉庫を改装したサンタフェ調のクールな外観で、ヘンプやオーガニックコットンのアパレルライン、サーフグッズ、オーガニックコスメ、そしてオーガニックの野菜や果物を販売していました。その上には、「クーカラ」という、天井も壁も漆喰で塗られた洞窟みたいなバーもありました。

そこで出会ったのがナチュラルハーモニー代表の河名秀郎さんでした。スタッフからは〝大将〟と呼ばれ、親しみやすい人柄と力強い言葉は、まさに自然栽培を世に広めるパイオニアという感じでした。大将の話を聞けば聞くほど、自然栽培とは単なる農法ではなく、自然を尊び、自然にならい、自然に準ずる姿勢が、人の生き方にも通ずるものだと直感しました。

すっかり自然栽培に魅せられたぼくは、さっそく、徹に自然栽培のことを話しました。

「とりあえずオレは自然栽培の現場に行ってみたい。農家になるかならないかはわからないけど、何かしら見つかるはずだ」と徹を勧誘。河名代表に頼み込み、農業研修生として受け入れを嘆願しました。そして2007年の春、2人で千葉県成田市にある筋金入りの自然栽培農家さんのもとで修業をさせてもらえることになったのです。

成田には研修生の畑があって、出荷作業の合間に畑仕事をさせてもらいました。師匠の手ほどきがあっても、なかなか思い通りにならないのが自然の理《ことわり》。それでもひょろ長いニンジンや、ひん曲がった大根など、自分でまいた種が野菜の姿になるまでの過程は、ぼくたちにいろんな気づきを与えてくれました。

片や、師匠の畑では、立派な美しい自然栽培の野菜たちが育っていました。師匠の畑で食べた、農薬にも肥料にも頼らずに育った野菜は、あのヒマラヤで食べたリンゴのように、生き生きとたくましく、澄みきった味がしました。「やっぱこれだよな」という手応えと、「自分たちも農家になりたい」という想いが日に日に高まっていきました。

ナチュラルハーモニーでの1年間の研修の後、「さて次はどうしようか？」という時期に、徹は農作業で腰を悪くしてしまいました。「今後、農家になるにしろ、経営のことは学ぶ必要がある」ということで、徹は地元の横浜に戻って経営や会計の勉強をすることになりました。

一方、ぼくはさらに実践的に農業を学びたいと思っていました。するとタイミング良く、同じく千葉県いすみ市にある「ブラウンズフィールド」で男手を探しているとの話が、知人を通じて耳に入ってきたのです。

ブラウンズフィールドは、写真家のエバレット・ブラウンさんと、マクロビオティック料理研究家の中島デコさんが住む田畑つきの古民家で、昔ながらの知恵をヒントに自然とともに暮らす空間です。イベントで何度か遊びに行ったことがある大好きな場所でした。「とにかく一度遊びに行ってみよう！」と、夕飯時にブラウンズフィールドを訪ねました。

まわりからは見えないほどの高い木に囲まれた一軒の古民家。外のかまどからはごはんの炊けるいい匂いと白い煙、母屋からオレンジ色の明かりがこぼれていました。デコさんと家族、スタッフみんなでの食事はあたたかくて、本当に豊かな時間でした。「故郷っていうものがあるならこんな感じなのかな」と思ったのを覚えています。当然、すぐに「ここに住みたい！」となり、さっそくデコさんに頼み込みました。こうしてぼくの2年目の野良暮らしが決まりました。

ブラウンズフィールドでは、目の前の田畑で自給用と隣接するカフェ用に、オーガニックな野菜やお米を育てていました。日本の伝統食である醤油や味噌、梅干しなどの発酵食品も手づくりしていました。生ゴミはコンポスト、食卓には食べ終わったお皿を拭くウエス、もちろん洗剤なんてありません。お湯で髪を洗い、お酢がリンス代わり。ほかにも雨水タンクにバイオディーゼルの車など、できるだけ環境に負荷をかけない暮らしに取り組んでいました。

スタッフは母屋以外にもツリーハウスやハンモック、遊牧民の移動式テントであるティパで眠り、犬、猫、鶏、合鴨、いろんな生きものがごったがえして共存するエコビレッジ。ぼくと同じように、食と住を面倒見てもらう代わりに対価として労働力を提供する若者が、世界中から集まってくるコミュニティスペースのような場所でもありました。

日の出とともに目覚め、畑仕事で汗をかき、玄米菜食のごはんを食べ、カエルや鈴虫の鳴き声とともに夜空を眺めて眠りにつく。そんなシンプルなライフスタイルは、不必要なものを削ぎ落としていく作業のように思えました。そして、そこに集まる自由なマインドを持つ仲間とも出会うことができました。成田といすみ、あの頃千葉で過ごした2年間は、今でもミコト屋の根っこの部分になっています。

ぼくらが八百屋になったわけ

それでもぼくらは「耕す人」という道を選びませんでした。

それは、農薬や肥料も使わず、丹誠込めて育てた野菜も、大きさや色、キズなど、見た目が少しでも規格に合わなければ、既存の流通では買い叩かれるという現実を知ったからです。

ナチュラルハーモニーでの農業研修時代、千葉県銚子市にある農家さんにお世話になったことがありました。夏場ということもあり、毎朝3時に起きて4時には畑に出ます。朝靄のなか、昇ってくる朝日を背に、枝豆やトウモロコシを収穫し、採った野菜を軽トラに乗っけて作業小屋に運び、選別する。朝ごはんを食べたら今度は箱詰め。そして荷台が箱で山積みになったら軽トラを走らせ、市場に出荷するのです。

市場に行くと、荷台の野菜が品定めされます。そこでのあまりにも粗雑な扱いに、当時とても困惑したのを覚えています。たとえばトウモロコシだったら、箱の一番上の2、3本だけを見て、少しでも身詰まりが悪かったり、虫食いのものがあれば、一箱まるごとB品、C品として買い叩かれる。ひどい時は持ってきた積み荷すべてがその数本で評価され、平気で5分の1くらいの価格まで値踏みされてしまいます。

ぼくたちが毎朝、生のままかぶりついた自慢のトウモロコシが、食べられもせず、見栄えだけで評価されるのが悔しかった。「農薬は使っていません!」なんて食い下がったところで、相手にされません。それどころか、あんまりしつこければ、ぼくらを受け入れてくれている農家さんの立場すら危うくなる。つくり手ではなく買い手が圧倒的に強いという現実……。

しょんぼりして農家さんの家に帰り、そのことを告げるのは本当に心苦しかった。正直、あの値段では、段ボール代と足代にもならないのは素人のぼくでもわかりました。収穫や選別、箱詰めなど、出荷までに必要なパートさんの人件費、軽トラの燃料代、もろもろ考えれば、採れば採るほど赤字になる。そんな時はもう収穫もせずに、そのままトラクターを畑に入れ、つぶしてしまうこともありました。

見た目よりも味を追求し、何より食べる人や環境のことを考え、農薬も肥料も使わずに育てた作物。それが逆に生活を圧迫するなんて、報われないにもほどがある。

生業として農業を成り立たせるには、野菜を売って換金するほかないわけで、だったら農薬でも何でも使って規格に合わせた野菜を出荷しようと思うのも仕方がない。農家さんの現実を間近で見て、そう思ったのです。

実際、農薬や化学肥料を使っている農家さんも、本当は農薬なんて使いたくないと思っている人がほとんどでした。〝木を見て、森を見ず〟というか、物事の判断材料はすべて表層的な部分で、見た目ばかりにとらわれ、大切な中身の部分を見ようとしていない。これは今の社会を丸ごと映し出しているようにも思えました。

なぜ、こんなことになるのか？　その理由を探りました。

スーパーにならぶ野菜や果物は、色もかたちも見事にそろっています。それもそのはず、一般に流通する野菜には、厳しい規格があるからです。厳しい選別をクリアした野菜のみ、市場に出回るわけです。

一方、規格外の野菜は曲がっていたり、キズがついていたり、色が薄かったり、サイズが小さかったりといった理由で、一般の流通にのりません。それゆえ、農家さんは農薬や化学肥料などを施してでも、生計を立てるために規格のそろった野菜を育てなくてはならないのです。

規格外となった野菜の一部は、加工品として出回りますが、ほとんどが廃棄処分となります。その廃棄率は、生産量の約4割にも達するといわれています。しかも、日本の食料自給率は先進国のなかでもかなり低く、農林水産省は自給率を上げようと、その対策を進める一方で、食べられる大量の食料を廃棄しているというおかしな現実を、もっとよく考える必要があります。

もちろん、色やかたちが、おいしい野菜の見分け方にもなり得ます。ただ、自然界において、ふぞろいなことは当たり前のことです。野菜においても、人間においても、大切なのは「中身」です。それは「個性」であり、そこに「優劣」はないのです。こういった認識が、社会にもっと広がれば、野菜の流通規格も大きく変わっていくはずです。

需要があるから供給があるように、ぼくたち消費者が色やかたち、見た目のきれいなものを求めるから、農家さんはきれいな野菜をつくり続けなければならないということ。

「野菜のかたちは違って当然。ちょっとくらいの虫食いなら気にしないよ」

そういう気概が、消費者サイドに芽生えれば、農薬の使用量も減らせるはずです。

スーパーの陳列棚にならんだ、色も長さも太さも同じ野菜を見て、不自然さを感じることができたら、野菜の規格も変わってくるかもしれません。

学校の教室や会社のオフィスで、友だちや同僚が自分とまったく同じ見た目だったらどうでしょう？ それこそ不気味です。みんな同じだったら、あの席替えのワクワクも、初恋のドキドキもないのです。

野菜も人も、十人十色。ぼくらと同じように個性があって当然だし、そんな多様性が認められる世の中になっていってほしい。

日本人は特に、出る杭は打たれるみたいなところがあって、人と違うことは疎まれ、右に同じくと協調性ばかりが問われます。本当の〝協調〟とは、同じ枠に収まることではなく、それぞれのパーソナリティやアイデンティティを、互いに認め合うことだと思うのです。

また生産と消費、需要と供給が分断され、そこに大きな溝が生まれているという流通の仕組みにも問題があるとわかりました。

農家さんは市場に出荷すれば、自分が育てたものを誰が食べるのかなんて絶対にわかりません。それは消費者にとっても同じこと。〝顔の見える野菜〟といって、顔写真つきの野菜を見て、消費者は何を思い描けるでしょうか？

農家さんだって、誰が食べるのかまったくわからなければ、いい加減なことだってしてしまうかもしれません。実際、恥ずかしながら、ぼくは前述の出荷場に行く時に、見た目の良いものを箱の上のほうに入れたり、山積みの箱の一番上には良いものだけの箱を詰めて抵抗したりもしました。結局それも農家さんに「くだらないからやめろ」と一喝されましたが……。

でも、どんな人が食べてくれているのかがわかったら、もっと自分が出荷する作物に対して責任を持つことができる。自分たちが食べるものだけ農薬を使わない、なんてことはしないのではないでしょうか。

そして何よりも生産者に消費者のリアルな声が直接届いたら、それはこのうえないやりがいになるはずです。農家さんにとって一番うれしいのは、食べてくれた人からの「おいしかった」というひと言。やっぱりそれに限るのです。仮にそれが否定的な声であったとしても、苦労して育てたものに対して何か反応があることは、少なからず手応えにつながると思うのです。

こういった問題を解決するには、農家さんだけではなく、消費者、そしてその架け橋となる流通が変わらなければいけない。それが、ぼくたちが八百屋になろうと思った経緯です。

見た目が悪くて売れないのなら、ぼくらは不細工な野菜でも受け入れる八百屋になろう。

このふぞろいこそが自然な姿だ、それは個性だ、と伝えてまわる八百屋になろう。

そして、生産者と消費者の距離を縮めることができる八百屋になろう。

それは農家さんが育てた野菜に、畑の情景や人柄、ストーリーをのせて食卓に届けることであり、食べてくれた人たちの正直な感想を農家さんへフィードバックすることでもあります。

そんな今までにない、オルタナティブな八百屋になろう。そう思ったのです。

自分たちらしい八百屋のかたち

とはいえ、実際どうしていったらいいものか？　はたと考え込みました。

「八百屋」といっても先立つものがないので、店舗は見送り、自宅の一室を改装して事務所にしました。そしてまずは安定した売り上げが期待できるだろうと、野菜の宅配をはじめました。「野菜のセレクトショップ」なんてかっこいいことをいいながら、当初はツテのあった1、2軒の農家さんから野菜を仕入れ、セットを組み、友人知人やその親など、30件くらいに契約してもらって定期宅配をはじめました。

自分たちで選んだ野菜を、自分たちの手で直接届ける。そうすることで、生産者や野菜のストーリーをそのまま伝えられるし、食べ方の提案もできたり、その場で質問や要望も受けられる。きっと、スーパーで買うよりも、野菜が身近になるんじゃないかと思いました。サザエさんに出てくる三河屋のさぶちゃんみたいに「ちわーす！　三河屋でーす！」って感じの、地域の御用聞きみたいな存在になりたいと思っていました。

とはいえ、勢いだけではじめた八百屋です。どうやって事業を広げていけばいいのかわからず、常に手探り状態でした。

ありがたかったのは、ぼくらの住む横浜市青葉区というエリアは、わりとオーガニック志向の強い人たちが多く住んでいたことでした。「森ノオト」という地域のウェブメディアに取り上げてもらったり、「ペグルカフェ」という菜食のカフェがミコト屋の野菜を取り扱ってくれたりと、地域のサポートによって少しずつ宅配の件数も増えていきました。

また半年くらい経った頃、週末だけの〝移動式八百屋〟もはじめました。モバイル式の什器と野菜を車に詰めて、各地のイベントをまわるのです。

2011年にはじめて5年目になりますが、今だに店舗はありません。

店舗を〝持たなかった〟というよりは、〝持てなかった〟だけなのですが、なければないなりに、そこはポジティブシンキング。固定した場所を持たず、身軽に移動することのメリットも感じています。店舗があるとどうしてもお客さんを〝待つ〟という受け身になりがちですが、自由に移動し、こちらから出向いて行くことで、いろんな場所でいろんな人に出会うこともできました。そういった出会いそのものも、その後のぼくたちの大切な財産になっていくのです。

自然栽培の野菜とは？

全国の農家さんからミコト屋に届く野菜は、「自然栽培」の野菜が中心です。自然栽培のほかにも、有機栽培、無農薬栽培、自然農法、自然農、不耕起栽培、炭素循環農法、バイオダイナミック農法など、この小さな島国だけでもこんなに多岐にわたる栽培方法があります。

どんな農法にせよ、安全で質の良い食べ物を生産すること、環境を守ること、自然との共生、地域自給と循環、地力を維持すること、生物多様性を保護することなどのさまざまな理由から、農薬や化学肥料を使う一般的な慣行農法*に取って替わる農法が生み出され、各地の農家さんによって日々研鑽されています。

各農法には定義があり、かたくなに貫いている農家さんもいれば、それぞれの良いところを組み合わせている農家さんもいますし、作物によって、柔軟に栽培方法を変えている農家さんもいます。もちろん農家さんは、野菜を育てて売ることを生業にしているわけですから、従来の慣行農法を続けながら、一方で、循環型のオーガニックな栽培に取り組んでいる農家さんもいます。

ミコト屋は、それらのなかでも特に自然栽培の作物を中心に扱っているので、「自然栽培の定義って何ですか?」とよくたずねられます。

自然栽培にはきちんとした定義があるわけではなく、あくまでぼくたちなりの捉え方になりますが、自然栽培とは、野菜や土が本来持っている力を最大限に引き出し、農薬はもちろん、肥料すら使わずに作物を育てる栽培方法です。農薬を使わないため、野菜は自分の体を自分で守る力を育みます。肥料を与えない代わりに、自ら深く根を張り、養分をとる力を育むのです。

また、よく「有機栽培とはどう違うのですか?」ともたずねられます。

有機栽培とは、養分供給を目的として、牛糞、鶏糞、米ぬかやおがくずなど有機質の肥料を用いる栽培方法です。また、あまり知られていないのですが、実はJAS有機規格では、30種類以上もの農薬の使用が認められています。もちろん100%無農薬で有機栽培に取り組んでいる農家さんもたくさんいます。

では、なぜ自然栽培は肥料を使わないのか?

ベテランの自然栽培の農家さんから、「まわりの畑で大発生した虫が、うちの畑にはまったくいないよ」という話をよく耳にします。もちろん自然栽培の畑にも虫はいますが、経年すればするほど、特定の虫の大量発生はなくなる傾向にあるような気がします。

つまり、虫や病気の原因は、肥料や肥料の残る土にあるのだと、ぼくたちは捉えています。人為的に肥料を施さないから虫もよらない。一見、常識とはかけ離れたこの栽培も、「自然」という目線から見ると合点がいきます。

たとえば、野山や裏庭には、農薬はもちろんのこと肥料も与えられません。しかし山菜や果実、そのほかのあらゆる植物は、虫や病気に駆逐されることなく、たくましく育ち、毎年変わることなくいのちをつないでいます。野山や庭以外でも、時折見かけるアスファルトの裂け目で生きる植物は、どこからも養分供給されていません。つまり、大地は本来植物が育つだけのエネルギーを与えてくれているということです。

もちろん、植物だって必死です。土のなかの微生物や菌類、さまざまな存在の力を借りて、根っこは地中深く、自分の成長に必要な水分や養分をどこまでも探しに行きます。自分が生き残るための努力を精一杯しているのです。

肥料を入れるということは、植物に本来備わっている素質や生命力を過保護に甘やかし、結果としてその能力を怠けさせてしまいます。これは植物だけでなく人間にもあてはまると思います。農薬や肥料がなくても、植物は立派に花を咲かせ、実を結び、種を残すことができるのです。

だからといって自然栽培が正しいとか、これ以外のやり方は間違っているとか、そんなベクトルの話ではありません。そもそも完璧な農法なんて存在しないのです。

その土地、気候、さまざまな環境の違いによって、作物の育ち方は違って当たり前。それをひとつの栽培方法、農法でしばるのは無理があると思います。何より育てている人が違うわけですから、農家さんの数だけ、もっといえば、畑の数だけ、品種の数だけ栽培方法があってもいいんじゃないかとぼくは思っています。

「子どもはこう育てるべき」みたいな育児書に違和感を感じるように、そこはもっとフレキシブルであるべきだし、それ以外を認めない考え方は、時に窮屈さを感じます。そんな閉塞感が、自然栽培やオーガニックがなかなか広まっていかない要因にもなっているんじゃないかと思います。そこにはもっとカジュアルさや、気軽さも必要で、「いろんなものがあっていいんだ」という多様性が必要なのだと思うのです。

いろんな農法や栽培方法があるのは、これまで農業という仕事に真剣に、作物に対して愛情を持って向き合ってきた農家さんがそれぞれの気づきをまとめ、普及させるために体系化したものです。そしてそれは学びの糧や参考になるものであって、疑い、否定し合うものではないのです。

農業というのは、「業」という言葉がついているとはいえ、自然がなす壮大な世界がそこにはあって、何が正しくて、何が悪いといったことは、本当は誰にもわからないものだと思います。だからこそ、その畑に手をおろす、その「人」の想いや姿勢を頼りに、いいものを選択することが必要なんだと思っています。

ミコト屋も開業当初は、自然栽培に強いこだわりを持って、産地や生産者を選んできました。「自然栽培以外は扱わない。それがミコト屋のこだわり！」なんて時期もありました。でもそんななか、ぼくたちのライフワークともいえる産地まわりの旅に出ると、本当にいろんな農家さんがいるということがわかります。


農家さんと直接向かい合い、畑をまわり、いろんなお話をうかがうなかで、その人柄や作物に対する想いなどを知っていく。新たに挑戦する姿や、悔しいけど断念しなければいけない姿など、それぞれにいろんな理想と現実が入り交じった畑は、多様性にあふれ、農家さんの人生そのものだと感じることもあるのです。


結局のところ、農家さんの仕事は植物が生きる力を最大限引き出せるように〝環境〟を整えてあげることなんだと思います。ある自然栽培農家さんはこう言います。

「野菜も子どもも同じだよ。しょせん親は環境でしかない。あとは野菜も子どもも勝手に育つ」と。そして、その農家さんは自分の野菜を「つくった」とは言いません。「育った」と言うのです。

自然栽培の野菜とはこうした農家さんの努力や謙虚な姿勢によって育まれているのです。

「こだわる」という言葉は、江戸時代には「物がつかえる」「難癖をつける」といった意味で使われていたそうで、本来は「心が何かにとらわれて、自由に考えることができなくなる」という意味だと知りました。もちろん今でも自然栽培の野菜は大好きで応援していますが、ぼくたちはいろんな農家さんに出会うなかで、固執したり、否定的だったりする「こだわり」を手放せたのかもしれません。ぼくたちは単純に自然栽培に魅せられただけなのです。

ぼくたちに自然栽培を教えてくれた師匠はこう言います。

「何が自然かなんて、本当のところは誰にもわからない。ただ自然に寄り添う気持ちがあれば、答えはいつも自然が教えてくれる」

言葉にすれば少し堅苦しいですが、それでもぼくたちは自然栽培を通じて、人のあり方や生き方も教わっているような気がします。作物の、そして人本来の力が引き出されてゆく自然栽培。ぼくたちが自然栽培の作物を中心に八百屋を営む理由は、そんなところにあるのだと思います。

＊

慣行農法／世間で一般的に行われている農法のこと。現在の日本では、農薬や化学肥料を使用して農産物を栽培する近代的な農法として知られる。地域によって気候条件が異なることもあり、慣行農法にも地域差がある。そのため、農薬や化学肥料の使用回数や使用量について、全国一律に標準的な基準はない。

自然栽培の野菜をスタンダードにするために

自然栽培を含めオーガニックに対する理解や興味は深まっているとはいえ、国内の耕地面積に占める有機栽培の割合は、いまだ0・4%と圧倒的なマイノリティ。まだまだ生産者も少なければ、扱う業者や購入場所も少ないまま。価格差も相まって、興味はあるけれど普段の暮らしにはなかなか落とし込めないという人が本当に多いという現実も知りました。

また、自然栽培とかオーガニックというと「厳格なナチュラリストだ！」「小難しいスピリチュアルな人だ！」といったイメージから壁をつくられてしまい、オススメするどころか、逆に敬遠されてしまうこともありました。結局のところ、自然栽培の野菜は、〝限られた一部の人たちの嗜好品〟という範疇をなかなか超えてくれない。どうしたらこの野菜たちが、もっとぼくたちと同世代の若者にも気軽に楽しめる存在になれるのか？　これがぼくたちの最も大切なテーマになっていきます。

すでに興味のある人に、自然栽培の野菜の魅力をもっと伝えていくこともとても大切なことですが、ぼくたちは自分たちが好きな野菜を、誰にでも身近に食べてもらえる〝スタンダードなもの〟にしたいと思ったのです。もちろん1を2や3にすることよりも、0から1を生み出すことのほうがはるかに難しいのは知っています。それでもぼくらのような民衆レベルからの底上げがない限り、いつまでたっても、自然栽培やオーガニックがメインストリームに乗っかることはないと思ったのです。

そこでぼくたちは、オーガニックマーケットばかりに出店するのではなく、音楽やアート、スポーツ、ファッション、クラフトなど、食以外のパートナーと一緒に発信することに力を注いでみることにしました。ジャンルは違えど、根底では〝いいもの〟という価値観で必ずつながれると思ったからです。野菜のならべ方や什器選び、パンフレットのヴィジュアルなんかにも気を遣い、販売でもあんまり土臭いイメージが出過ぎないように、背伸びしてシティボーイぶったりもしました。

セレクトショップ、工務店、デザイン事務所、アトリエ、ギャラリーなど、おもしろそうと思えば、店先だろうと、軒下だろうと、駐車場だろうとどこへでも出向き、野菜をならべました。日ざしで野菜が焼けちゃうような砂浜や、小雪が舞う森のなかでも販売させてもらいました。時には売れ残った野菜に囲まれ、2人で途方に暮れることもありました。

それでも出店を考える際は、売れるか売れないかよりも、まず自分たちが「ワクワクするかどうか」を大切にして決めるように心がけました。そうしたトライ&エラーの延長線上に、今のミコト屋があるのだと思います。

ミコト屋をはじめて5年。失敗の繰り返しという面では、実は今もそんなに変わっていません。少しだけ変わったのは、そんなぼくたちに共感し、野菜を心待ちにしてくれるありがたい人たちの存在です。そして、その人たちがいることで、どんなに小さくても、自分たちの行動から変化が生まれるんだ！　という手応えを得ることができたのです。

すべてのきっかけは、あの小さなリンゴでした。だから今でもリンゴは、ぼくたちのとっておきの果物です。

アダムとイヴは「善悪を知る木の実」を食べて自分たちが裸であることに気づきました。ニュートンは落ちてくる「リンゴ」から万有引力の法則を知り、スティーブ・ジョブズは、パソコンを現代の「知恵の実」にしたいと、ひとくちかじったリンゴをロゴマークにしました。

なんとも光栄なことにぼくたちのきっかけも「リンゴ」だったのです。ならべて書くのもおこがましいですが、それでもあの時、ヒマラヤで食べたリンゴは、ぼくたちにとって「はじまりの果実」だったのです。

コラム―◉〝自然〟という言葉

ミコト屋が扱う自然栽培の野菜にも「自然」という言葉がついていますが、何をもって「自然」なのか？　そもそも「自然」って何なんだろう？　とぼく自身、よく考えることがあります。農という業は、反自然な行為にも思えます。人為的に種をまき、育て、収穫する。そんなことをするのは生物界で人間だけで、本来の自然のなかではありえないこと。農耕よりも狩猟採集のほうがよっぽど自然かもしれません。ただ、人間は進化の過程で、田畑を耕し、そこを餌場として食料生産する知恵と基盤を築いてきました。

サイエンスライター、コリン・タッジの『農業は人類の原罪である』という本があります。一般に、農業は人類にとってメリットであり、農業の発明によって人類は繁栄した。そのため、農業は「善い」ものであるとされていますが、この本の主張は反対のものでした。

「狩猟採集の場合、収量を飛躍的に増やすことはできない。それは、獲物の数よりも多くの食料を得ることはできないからだ。どこかで必ず、食料の増加には制限がかかる。しかし、農業ならば、新しい土地を開墾し、環境に手を加え、収量を増やすことができる。結果、人類は増え続けた人口を支えるために農業を大規模化せざるを得なくなる。そして食料が増え、増えた食料はさらに人口を増やす。人々はさらに働かなければいけなくなる。農業をすればするほど人口が増え、そうするとますます農業に精を出さなければならなくなる。人間は気づかないうちに、このような螺旋状の悪循環に陥っていった。だからこそ『農業は人類の原罪』といえるのである」と、そんな見解をもとに、農業の起源を追う本なのですが、新しいものの見方として、とても新鮮な内容でした。

同時に聖書から農業の歴史の一部分を読み取ることができるという主張もおもしろいものでした。アダムとイヴをエデンの園から追放する時に、神はこう呪いの言葉をかけたそうです。「おまえが土に還るまで、顔に汗することなくパンを得ることはできないだろう」（創世記3章19節）と。もちろんぼくは、農業が人類の原罪だなんて思っていません。ただこうして農業の起源を追究することは、農業とは何かを考えることにつながります。

そこでぼくが思うのは、結局、自分自身は自然とどうかかわりたいのかということです。

自然には2種類あると、ぼくは思っています。

ひとつは人間を含めない、そのままの自然であり、野生。

もうひとつは人間を含めた自然。１００％野生のままではなく、そこに人間も組み込まれ、互いが心地良くいられる状態。排除ではなく共存の姿勢。

ぼくの場合は、完全なる野生よりも、もう少し手前のところに心地いいポイントがあるような気がします。それがぼくたちにとって、自然栽培だったということなのでしょう。

自然栽培というと、どこか放任的なイメージを抱かれますが、ほったらかしでは満足な作物を安定的に供給することはとても難しいのです。農家さんが畑に足を運び、手をおろし、気を遣うことで初めて作物は立派に実ります。ぼくらが自然栽培を選ぶのも、ただおいしくて、それが自分たちにとって自然で心地良い選択だと思うからなのです。

Go on a farmer's trip

旅する八百屋

2

ぼくらが旅に出る理由

もともと旅は大好きでした。アメリカ西南部を旅した時もそうでしたが、決まったところに拠点を構えず、好きな時に好きなところへ行って寝泊まりするという旅のスタイルは、あの頃から変わっていません。

ミコト屋をはじめてからも年に数回、〝ミコト屋号〟という古いキャンピングカーに乗って全国の産地や生産者さんを訪ねています。キャンピングカーにはシュラフ、テントに自炊道具が一式、ハンモックや海パン、サッカーボールまで積んでいます。旅先の農家さんに野菜をいただけば、野営し、車かテントに寝泊まりするため、滞在費はほとんどかかりません。ぼくらが「旅する八百屋」というのも、ここからきています。

その土地の食べものをその土地の食べ方で食し、全国の文化や風土を体験するこの旅は、毎度のことながら、この小さな島国には、まだまだぼくたちの知らないおいしいものがたくさんあるのだと思わされます。そして旅先で出合ったおいしい野菜やお米、塩や調味料などをセレクトして販売させてもらっています。

たくさんの農家さんをめぐるたびに思うことは、農家さんの数だけ栽培方法が存在するということ。第1章でも書きましたが、ひと言で〝自然栽培〟といっても、細かい管理や技術、信念などは十人十色。種のまき方から、土寄せの仕方、支柱の建て方、農具のセレクトまで、どれひとつとしてまったく同じことはありません。もちろん気候や風土など土地柄の違いもありますが、それぞれ独自の手法があって、絶対的にこれが正しい、という答えも存在しません。

確かなことは、みな野菜を育てるのに一生懸命で、あふれんばかりの愛情を注いでいるということです。野菜も生きものですから、きっとそんな農家さんの想いをくみ取って成長しているのだと思います。

ぼくたちが野菜や果物を選ぶ時、一番大切にしているのは、そういった農家さんの野菜に対する「想い」の部分です。野菜も畑も人柄も全部知って、そのうえで確かなものを選びたい。そう思うからこそ、ぼくたちは必ず産地を訪ねているのです。

初めて会う農家さんであれ、いつもお世話になっている農家さんであれ、まずは畑をお手伝いさせてもらい、一緒に食卓を囲み、あわよくば一晩泊めてもらったりもしています。たった一晩でも時間を共有させてもらうことで、農家さんの人柄や想いがぐっと伝わってくるし、ぼくたちのことも知ってもらえる。もちろん野菜を食べてくれている消費者の声も届けています。

何より楽しいのは農家さんとともに、〝農の未来〟を語ること。生産と流通がヴィジョンを共有し、歩みをともにすること。その重要性をひしひしと感じるのです。

ぼくたちが全国の産地を旅するのは、おいしい野菜を探すためでもあるし、すばらしい生産者に出会うためでもあります。またその土地の食の文化や背景を学ぶためでもあるし、生産現場に足を運ぶことで見えてくる流通の課題を探るのもミッションのひとつです。

でもやっぱりぼくたちにとって旅とは、自分たちの活動におけるインスピレーションの源だと思います。同じ場所からは見えない景色も、自分が動くと違った景色が見えてくる。何か同じものを見るにも、そっちとあっちじゃ見え方が違う。それと同じで、旅することは今まで自分たちになかった視点で物事を捉えられたり、自分たちの日々の活動をちょっと俯瞰的に顧《かえり》みることができるのです。

川の水が濁らないのは流れ続けるからだといわれます。同じように、ぼくらもじっとしていると思考が停滞してきます。だけど旅をしてフレッシュなものに触れることで、思考が循環し、新しいアイデアやインスピレーションが生まれてくることを実感しています。

そういった意味では、旅を続けることが、ぼくたちの原動力になっているのは確かです。

ミコト屋はやっぱり旅してナンボの八百屋なのです。

いざ、農家トリップへ

今年もまた暑い夏がやってきた。夏の産地ツアーは、1年で一番長い期間、産地をまわる。2013年は北海道、2012年は四国、2011年は九州へ。2014年の夏は、3年ぶりに九州へ行くことに決めた。"ミコト屋号"で一路、鹿児島へ。さて、今年の夏はどんな旅になるのだろうか。

Day 1,2 鹿児島編

鹿児島の朝は意外なくらい涼しかった。横浜を出発してひたすら走ること20時間。途中、あまりの暑さに山口県の富海《とのみ》で海水浴をして足止めしたが、それ以外は順調なドライブだった。それでも目的地の不知火《しらぬい》海が見えたのは夜遅くだった。

鶴の飛来地で有名な鹿児島県出水《いずみ》市。寝静まった町で1軒だけ開いていた定食屋で水俣チャンポンを食べ、すぐ車に戻り眠った。疲れ果てていたのか、気づけば朝だった。

朝7時、1件目に訪ねたのは、数年前からお世話になっている生産者の楠元良彦さん。

自宅へうかがうと、いきなり朝ごはんが待っていた。ごはんに自家製の梅干し、味噌汁、採れたてのオクラとトマトの酢の物、大葉とタマネギのかき揚げ、ナスの天ぷらまで、すべて楠元さんの畑で採れたもの。遠慮は無礼と、しっかりおかわりまでさせていただいた。やっぱり農家のお母ちゃんのごはんは最高にうまい。

朝ごはんの後は、さっそく畑へ。ミコト屋の宅配セットでもお世話になっている安納芋や種子島紫芋などのサツマイモの畑には、本州ではなかなか見ることができないサツマイモの花が咲いていた。昨年、大人気だった紫長芋も今年は作付けを増やし、生育も順調そうだ。ほかにも里芋、キャベツ、トウモロコシなど畑の総面積は1・5ha。これを夫婦2人で営んでいる。

楠元さんの水田も見事だった。すぐ下には慣行農法の田んぼがあるが、稲の色が違う。慣行農法の田んぼの濃い緑に対して、楠元さんの田んぼの稲はきれいな淡いグリーン。風景に馴染むナチュラルな色味だ。夏は草取り繁忙期。夫婦2人でチェーンを引っ張り、田ぐるまを押す。しっかりとした茎で分《ぶん》けつも良く、今年もおいしいヒノヒカリが食べられそうだった。

念願だったマコモの田んぼもやっと見ることができた。2mを超す葦《あし》のようなマコモは今ではあまりお見かけしない古代からの植物だ。これがまたうまいのだ。ひと目見た瞬間、野生的なエネルギーがびしびし伝わってくる。少しずつ茎も太ってきているようだった。

ずっと会ってみたかった楠元さん。謙虚で実直な人を思い描いていたけれど、イメージそのまんまの真面目な農家さんだった。田畑はていねいに手入れされ、作物はもちろん、それをとりまく環境にも心を配るジェントルな人だ。

意外だったのは、楠元さんには農業より長くやっているものがあるという。それは20代から30年以上も続けている生け花。花と向き合うことで、気持ちや思考が整理できるそうで、今でも地元の消防署などに毎週生けに行っている。「男くさい職場を華やかにしたくて。緊張感のあるところだからね」とうれしそうに語ってくれた。

こうやって、農家さんの趣味や好きなものの話を聞くのが好きだ。その人の人柄がすごく伝わってくる。そんな人が育てた野菜だから、ぼくたちはこの野菜を食卓に届けたいと思うのだ。

その後は北上して、熊本県宇城《うき》市の「たから農園」へ。

3年前、東京都八王子市高尾町から移住した高田さん夫妻は、ぼくらと同世代。カメラマンと翻訳者という夫婦2人で、中山間地の8世帯しかない小さな集落に引っ越し、新規就農した。ぼくらが訪ねたのは昼時で、高田さんたちは午前の畑仕事を終え、家で休憩しているところだった。「はじめまして」と汗を拭きながら迎えてくれた笑顔が気持ちいいくらいさわやかだった。

そしてお手製の冷たい梅ジュースをいただいた。こちらも負けじとすっきりさわやかだ。

お互いの自己紹介をした後、さっそく、畑を案内してもらう。白と紫がかった花が咲いているのは白ゴマと黒ゴマだった。さらに登っていくと道の両脇に小さな田んぼが見えてくる。コンパクトで自給用には良いサイズ感だった。たから農園では、うるち米のほかに、黒米、赤米、緑米などの古代米も育てており、秋には色とりどりの稲穂が風に揺られているのだろう。

この辺りは獣害も多く、畑には電策が張られている。なかには、かわいい黄色いトラのバルーンで睨みをきかせている農家さんもいる。春は鹿が稲苗を食べ、秋はイノシシがよく出るそうだ。

集落の一番高いところに、たから農園いち押しのショウガの畑がある。5畝《うね》くらいだろうか。

一般的にショウガは病気になりやすく、連作障害が出るので大量の農薬が必要だといわれている。2人はその連作障害の原因が肥料にあるのではないかと考え、無肥料での栽培に挑戦しているという。またショウガは、次々に芽を出すので機械で除草することができず、植付け前に土壌燻蒸《くんじょう》(農薬で畑全面の草の種と菌を殺す)が行われることが多いが、無農薬で栽培するには、夏中、畑全面の草を何度も手で取らなければならない。

ジメっとしたところを好むショウガにしては、ここは日当たりが良いうえ、灌水《かんすい》設備もない。けれど、ここの土は水持ちが良いらしく、おいしいショウガが採れるそうだ。土をつかむと黒くて重たい土だった。葉も旺盛に茂り、確かに良いショウガが採れそうだ。

就農して間もない、若い夫婦が挑戦する農の世界。試行錯誤を繰り返し、なんとか農業で暮らしていこうとしている。野菜と一緒に送る「たから通信」というお手製のかわら版には、奥さんが書いた野菜の食べ方や栽培日記が等身大でつづられている。そこには少しでも自分たちがつくった野菜のことを知ってもらいたいという想いが込められているのがよくわかる。

限界集落のなかで、若い夫婦は貴重な存在だ。近所のおじいさんやおばあさんも、不思議そうな顔で2人のことを気にかけてくれているという。そうやってこの宇城の自然やまわりの人たちに支えられて、なんとかやっているという2人の顔は生き生きと輝いていた。

この辺りは干し柿の産地でもあり、晩秋になると、どの家も軒先に柿を吊るし、集落はオレンジ色のカーテンに包まれるという。次はそんな時期に訪ねてみたい。

その後はさらに北上して佐賀へ。ここからはミコト屋の旅の相棒でもあるカメラマンのＬａｉ、料理人の船山義規さん、この本の企画人であり編集を手がける薮下さんも合流。旅のクルーも増えて、ミコト屋号は長崎へと向かう。

Day 3
長崎編

夜のうちに島原半島に上陸していたぼくらは、朝食もとらず南島原市へ。一昨年に就農したばかりの山口良二さんを訪ねた。

さっそく迎えてくれたのは、相変わらずの冴えないギャグと明るい笑顔。実のところ、山口さんはぼくたちが農業研修時代に苦楽をともにした同志で、かれこれ6年ぶりの再会だった。

かつて青年海外協力隊としてアフリカのザンビアで化学を教えたり、カンボジアのシェムリアップで働いたりと、グローバルなキャリアを持つ山口さんには、当時から世界の人々の暮らしについてよく教えてもらった。

古いけど堅固そうな平屋に、山口さんは1人で住んでいた。そこから車で20分のところに8反分の畑がある。畑から北側を見上げると約20年前に噴火が起きた雲仙普賢岳がそびえていた。この辺りの土は、火山灰が混じった「黒ボク」と呼ばれる土で、少し乾いた軽めの土だった。

まず驚いたのは、かなりの急斜面に畑があることだった。山口さんに聞くとやはり、雨が降るとかなりの表土が流されるらしく、畝を高くしても栽培には苦戦を強いられているようだった。かろうじて育っている白もちトウモロコシも背丈が低く、抜け株も多い。

どこの地方でも、新規就農者はあまり良い土地を借りることができないというのがお決まりだ

が、山口さんもその壁にぶつかっていた。山口さんにいたっては年齢制限を超えているため、助成金すら受け取ることができない。アルバイトをして生活費を稼ぎながらの農作業になるため、畑に足を運ぶ頻度はどうしても下がってしまう。新規就農者に対する公的支援は、まだまだ満足のいくものではない。一大決心をして移住し、生業としての農業を望んでも数年で挫折するケースはざらにある。山口さんの畑を見て、ぼくらも少し心配になった。

それでも畑を見渡せばポジティブな要素もあるものだ。畑の脇に植えられた打木赤皮甘栗《うつぎあかがわ》カボチャは、これでもか！　というくらいに繁茂している。

何よりこの畑はすこぶる気持ちが良かった。畑の一番高いところから有明海が一望できた。こんな眺めの良い畑もなかなかない。山口さんもこの眺めに惹かれて、ここを選んだそうだ。

しばらく海を眺めて、ふと山のほうを振り返ると、グレープフルーツの木が何本か植わっていた。それはぼくらと一緒の研修時代、山口さんが鉢で育てていた苗木を移植したものだった。あの頃、「いつか自分の畑に植えたい」と言っていた山口さんの言葉は、少しずつだけどこうやって叶えられているのだ。

農家の現実はなかなか厳しい。それでも山口さんは時間がかかっても土づくりからはじめようとしている。まずは「水持ちも水はけも良い団粒化した土をつくりたい」と前向きだ。

きっとこの畑は、あのグレープフルーツのように、ゆっくりと確かに成長し、いつかとびっきりの実をつけるだろうとぼくは信じている。

山口さんの畑を後にし、この旅で最も楽しみにしていた雲仙市に移動した。迎えてくれたのは、種採りのスペシャリスト岩崎政利さん。岩崎さんが出している本は、農業研修時代から種採りの教科書として何度も読んでおり、ぼくたちにとって、ずっと行ってみたかった憧れの畑だった。「はじめまして」と握手を交わした岩崎さんの手は、意外なくらい柔らかくて優しい手だった。この手でどれだけの種をつないできたのだろう。

もともと岩崎さんも農業をはじめた頃は、種を買い、肥料や農薬を使って野菜をつくることが農業だと思っていたそうだ。しかし、30年ほど前、体調を崩して寝たきりの生活を送ったことをきっかけに、それまでの自らの農法に疑問を持ち、化学肥料や農薬にできるだけ頼らず、土地本来の力、野菜本来の生命力を最大限に活用する農法に切り替えた。

その時に岩崎さんが注目したのが、風土に根ざした在来の「種」だった。土や野菜の本来の力に頼った農法だからこそ、種に力のある「在来種」が適していると考えた。今では、岩崎さんは年間で栽培する50種類の野菜のうち、実に8割以上の野菜で自家採種に取り組んでいる。

ぼくたちが訪ねた夏の時期の畑には、あまり野菜がなかった。このエリアは台風の上陸地点だということと、暑さのために、夏は比較的農閑期なのだという。

それでも畑には各地の在来野菜がいくつか育っていた。山口県の農家さんにもらい受けた柿木《かきのき》在来の地キュウリ、宮崎県椎葉村で800年もの間、守られてきた平家キュウリ、福島県でだけ栽培されてきたミニカボチャは、原発事故の2年前にもらい受けた種で、今では立派に雲仙の地に根づいていた。いつかまた福島の地に返すまで、種を採り続けようと思っているそうだ。

在来種の多くは高齢な農家さんが守っている場合が多く、守っている人が亡くなるとその種たちも一緒に途絶えてしまうケースも多いという。そのため岩崎さんを頼りに、全国からさまざまな種が集まってくる。「自分がやらなければ種が途絶えてしまう」という使命感が、岩崎さんに重くのしかかっていた時期もあったそうだ。もちろん今でもあるのかもしれない。ただ、ぼくらが見た岩崎さんはとても自然体で、気負いや、種を守ってあげているというおこがましさはちっとも感じられなかった。

また岩崎さんは、種を採ることを「あやす」という。まるで赤ん坊や動物と接しているような優しさと愛情を感じる。岩崎さんの野菜や種に対する姿勢が感じられるいい言葉だと思った。

そして岩崎さんは、野菜の花が本当に好きだ。

はじめは種を採るための花という認識だったが、ある時、花に虫が集まり、花粉を媒介し、人の心をも和ませるその生物多様性の中心にいるのは「花」であることに気づいたという。花を通じて野菜と会話し、花からさや、さやから種へと移り変わるのを見守ることで、野菜への愛情が深まるのだそうだ。

しかし、花よりももっと美しいのは、葉も枯れ、根も枯れ、子孫を遺すためだけに何とか立っている野菜の姿だという。その姿こそ野菜の一生のなかで、一番美しい姿だと感じるそうだ。「野菜の一生につき合うことが、農業の本来の姿だと思う」という言葉が、とても印象的だった。

本来、種にはその土地の文化や先人たちの暮らしや想いが詰まっている。ぼくたちはそこに詰まっているものと、今日までつないでくれた先人たちに、敬意を払っていかなくてはいけない。改めてそう思った。

その後は、東京・吉祥寺でマクロビオティックの料理講座や食堂を営む「オーガニックベース」の奥津爾《ちかし》さんと合流した。奥津さんは2013年、東京から雲仙市小浜《おばま》へ家族で移住してきたという。奥津さんの粋なはからいで、「蒸気家」という温泉釜が使えるキッチンスペースを借りることができたので、急遽、岩崎さんの野菜とぼくたちが鹿児島でいただいてきた野菜を使って、船山くんが夕食をつくってくれることになった。夜には岩崎さんや山口さんも招待した。

小浜は、島原半島の西部に位置し、いたるところに丘陵があり、海岸線は小刻みにカーブを描いている。橘湾に面した温泉街の裏手に広がる刈水地区は、日本の原風景の面影が今も湯煙とともに漂う。夕方まで時間があったので、奥津さんとこの刈水地区をぶらりと歩いた。

細い路地と急な坂のある住宅街は小高い丘になっていて、眼下には橘湾、背後には雲仙岳の雄大な原生林、そして温泉。豊かな自然に囲まれたコンパクトでステキな町だ。

小さな体育館では豆剣士たちが剣道の稽古をしていた。すぐ近くにはきれいに澄んだおいしい湧き水スポットがあり、江戸時代から湧き続ける地元の人にとっては馴染み深い水とのこと。暮らしのなかに自然の湧き水があるというのは、このうえない安心感だ。

次に案内してもらったのが、「刈水庵」という喫茶併設のギャラリースペース。ここは世界で活躍する小浜出身のデザイナー・城谷耕生《しろたにこうせい》さんがオープンしたお店で、古民家をリノベーションした建物には、光と風がよく入る。1階では、国内外の工芸家の作品、アジア各地から買い付けられた雑貨、城谷さんがデザインした小物などを展示・販売し、2階には喫茶スペースもあって、実に心地いい空間だった。

この刈水庵は小浜の自然環境を活かしながら、暮らしと観光をつなぐ地域活性化プロジェクト

の中心としてオープンしたお店だという。アトリエがある離れの庭では、定期的にフリーマーケットやイベントが催されていて、人々の交流の拠点になりつつあるそうだ。

ほんの少しまわっただけだが、小浜のポテンシャルはすさまじい。奥津さんがここに移住を決めたのも、なんとなくわかる気がした小浜散歩だった。

そろそろお腹も空いてきたので、野菜以外の食材をみなで買い出しに行くことに。奥津さんオススメの「田中鮮魚」では、立派な太刀魚と蛤を買った。自家製の無添加のかまぼこがすばらしくおいしかった。

厨房に入った船山くんは、買ってきた魚介とカボチャやナスなど在来種の野菜を手際よくさばいていく。カットされた数種類のカボチャは、塩も振らず温泉釜で蒸される。海水の混じった温泉は、そのままでも十分旨味を引き出してくれる。

柿木在来のキュウリと河内晩柑《かわちばんかん》を和えたサラダは、さっぱりさわやかな味、南フランスなどでは、ウリと柑橘を合わせるのはポピュラーなのだとか。

太刀魚とキャベツの温泉蒸しは、青ナスと塩レモン、カボチャのつるで取っただしで伸ばしたソースが添えられ、優しくて奥深い味わいだった。

個人的に一番ヒットだったのは、福島、小菊、宿儺《すくな》の3種のカボチャと島カボチャのつるに蛤が入ったシチリア風の煮込みだ。まろやかで実においしかった。貝のだしが口のなかで広がり、それぞれのカボチャの個性も味わえる。初めて見る在来種でも躊躇《ちゅうちょ》なく、個性を活かして料理してくれた船山シェフには、さすがのひと言だった。

おいしい食事とともに話題はやっぱり在来種について。日本大学の農学部の学生たちが毎年種採りをしに来ること。高原で採った種は岩崎さんの畑には合わないこと。種採りの際に交雑防止のネットをかけないこと。種は一年一年作物から学びながら守っていくということ。在来種には個性があり、一つひとつ違うおいしさがあるということ。そしてそれはぼくたち人間と一緒だということ。そのすべてに学びがあり、岩崎さんが種とともに歩んできた長い道のりの重みを感じた。

岩崎さんは言う。

「食べてくれる人をつくることが、種を守ることにつながる」

それがすなわち、ぼくたち流通の役割なのだ。食べてもらうきっかけをつくる料理人のサポートももちろん必要だ。つくる人、売る人、料理する人、食べる人、それぞれの役割があって種を守っていくことができる。

「みんなで守っていかなくてはならない」

この場にいるすべての人が、きっと同じ想いだっただろう。

2
15
4

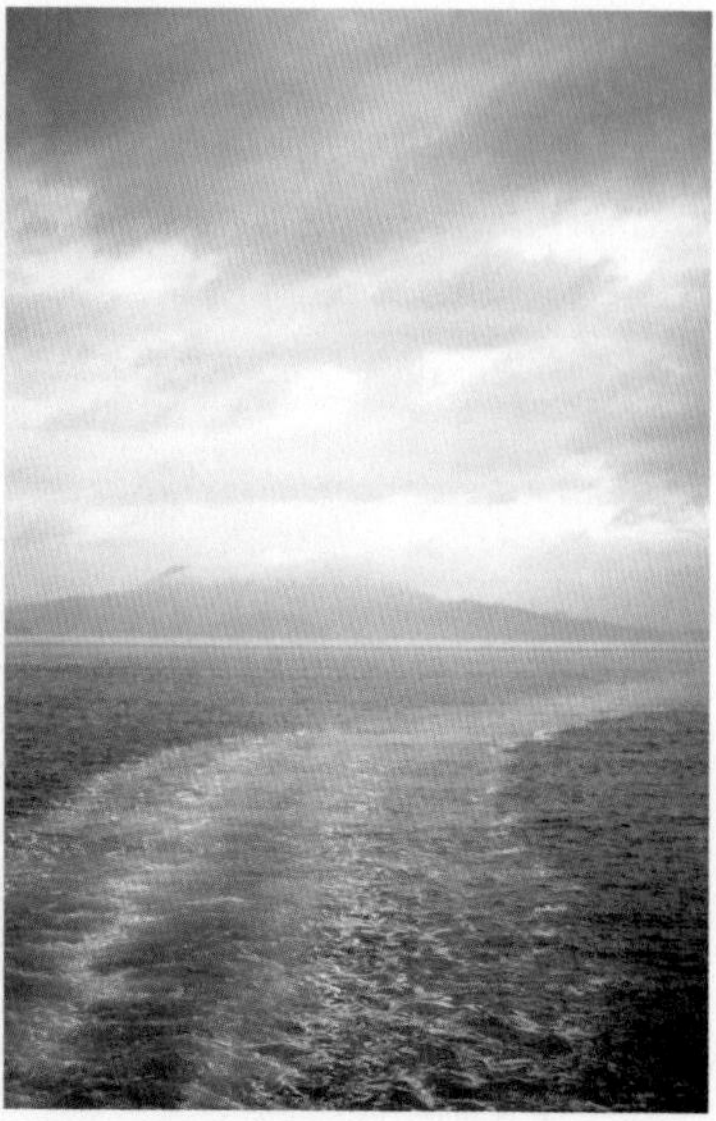

岩崎さんに山口さん、奥津さんと息子の圭くん、娘の愛子《かな》ちゃん、刈水庵の古庄さんも交えた大宴会は、遅くまで続いた。本当に豊かな時間だった。こんな時間が過ごせるとは思いもよらなかった。いろんな条件とタイミングがそろったことで、すばらしいメンバーとすばらしい時間が共有できた。おかげでぼくらはいろんなことを学び、流通における新たな課題も見つかった。偶然か必然か、期せずして起こることが旅をおもしろくする。ぼくらの旅の醍醐味は、そんなところにもあるのだろう。

Day 4
熊本編

島原を堪能しきった翌日は、フェリーに乗って対岸にある熊本県天草市へ。

1年を通して温暖で霜が降りず、降水量も適度な天草北部では昔から柑橘類の栽培が盛んだ。特に天草灘の潮風の当たる海岸沿いの斜面のみかんは格別だと聞いていた。

ぼくたちが向かったのは、苓北《れいほく》地域の「福田果樹園」。きつい勾配のあるみかん畑には、秋に出荷する極早生《ごくわせ》のみかんが収穫の時を待っていた。まだ緑色の果実がたわわに実っていて、畑を歩くだけでさわやかな香りが漂う。

福田さんが農薬も肥料も使わない自然栽培に切り替えたのは4年前。子どもたちが丸ごと口に入れられるみかんをつくりたいと思ったことがきっかけだったという。だからといって無農薬だからキズものでもいいという気持ちはない。「お客さんに甘えると農家はダメになる」と福田さんは言う。そういった言葉の端々に福田さんのプロ意識の高さを感じた。また果樹農家を子どもたちが憧れる仕事にしたいという想いもあるという。

一見、寡黙そうな人柄のなかに、熱い情熱を宿す福田さんがつくるみかん。まだ収穫には早かったので、みかんは食べることができなかったが、帰り際に飲ませてもらったストレートのみかんジュースは一級品だった。後味の良いすっきりとした甘みがたまらなくおいしかった。これはみかんもうまいに違いない。収穫が楽しみだ。

続いて訪ねたのは、天草の魅力と活力をつくる取り組みを行う「天草育組《はぐくみ》」のリーダーでもある馬場照昭さん。麦わら帽子と首にタオル、腰には蚊取り線香をぶら下げている。お決まりのファーマーズスタイルがよく似合う。

そして、この畑もロケーションがすばらしい。天草灘に面した畑からは、ぼくたちが昨日までいた島原半島を望むことができた。日ざしはかなり強烈だったけれど、風がよく抜けるため、さほど暑く感じない。草が風に揺れ、虫たちが飛び交う、自然体の畑だ。

山形県にあるイタリアンの名店「アルケッチャーノ」の奥田シェフが畑に立ち、「この畑は深呼吸できる」と言ったというのも頷ける気持ちの良い畑だった。

馬場さんはこの畑でかれこれ7〜8年、農薬にも肥料にも頼らず野菜を育てている。モットーは「畑には余計なものを持ち込まないこと」。「100％採ろう」「もっと早く育てよう」、そういう人間の欲が、畑に農薬や肥料を投入させ、土のバランスを崩すことにつながるという。日々畑に足を運び、トライ＆エラーを繰り返して導き出した馬場さんのシンプルな答えだ。

また、風や土、雨、日ざし、その場所の気候や風土によって育つものや風味、栽培時期などが変わるという話をしてくれた。同じ場所はひとつとしてない。その土地には何が適しているのか。また、何が適していないのか。それを見極めるのが経験だという。

そして馬場さんは常に結果に対する根本的な原因を探る。虫や病気が出るのならば、病気にならない丈夫な野菜を育てることを考える。

「たとえばインフルエンザが流行っている時に罹《かか》る人もいれば、罹らない人もいるでしょ？　みんながみんな病気になったり、虫に食われるわけじゃないんだ。大切なのは丈夫な野菜になるために、微生物いっぱいの土づくりをすること。土も人の体も一緒だよ。地球のなかの生きもののひとつなんだから」。そう語る馬場さんは、どこか仙人のようだった。

畑では、天草の在来種だという白い丸オクラをいただいた。生のままひとかじり。柔らかくてみずみずしい。こんなにすっきりとして旨味のあるオクラは初めて食べた。少しだけ海の味がした。潮風が天草灘のミネラルを畑に運んでくる。天草特有の自然環境、島と海、そのバランスがおいしい野菜をつくり出すのだろう。

天草から今度は陸路で、熊本県玉名郡へ。

午後からは日ざし全開、ミコト屋号は蒸し風呂状態だった。そこで、熊本名水百選の尾田の丸池で水浴びタイム。あまりの気持ち良さに、ちょっと遅れて「にしだ果樹園」へ到着した。

園主の西田淳一さんは、熊本から世界へ発信する気鋭の果樹農家だ。ぼくらもお会いするのは初めてだったが、西田さんの話はいろんなところで耳にしていた。8haもある広大な果樹園にもかかわらず、栽培品目を単一に絞らず、熊本の特産であるデコポンなどの柑橘類をはじめ、桃や柿、レモン、キウイなど、年間約30種の果物を少しずつ細分化して栽培している。

それにしてもワイルドな果樹園だ。クモがそこら中に巣を張り、樹のまわりには草花が繁茂している。この果樹園の主役は果樹か、草花か、はたまたクモか。ここでは、生きるものすべてが主役のようだ。西田さんによると、クモたちは信頼できる従業員なのだそうだ。

「イラガ（蛾の幼虫）に葉っぱも食べられるけど、夜のうちにクモが捕獲してくれる。カマキリやアリはダニを食べてくれる。虫たちにもそれぞれ役割があってね。この畑のなかには自然と生態系が生まれている。だからぼくの役割は、虫たちが住みやすい環境にしてあげることなんだよね」

また西田さんは植物ホルモンの流れを考え、上に伸びる樹勢のいい徒長枝《とちょうし》を残し、横や下に伸びる枝を切る「切り上げ剪定」や、シュタイナーの「バイオダイナミック農法」にならい、月の満ち欠けに合わせた草刈りや、月の引力で生じる樹体内の養分、水分の移動に合わせた剪定や収穫を行うなど、栽培に対する探究心も半端なものではない。

こうした栽培方法の多様さもさることながら、西田さんの特筆すべき魅力は、その販売力や表現力にある。月の満ち欠けに沿って栽培したレモンは「月読みレモン」というユニークな名前で販売されている。もちろん国内でも人気だが、お隣の韓国でもうけているという。今も陰暦が息づく韓国では、月のバイオリズムを取り込んだ栽培方法が親しまれているのだとか。

ＳＮＳなどの広がりで、生産者の顔が見え、商品とその背景を同時に届けることが可能になってきたという西田さんは、ＳＮＳを巧みに使って果樹園の様子をリアルタイムで更新することで、多様性や季節のサイクルなどを伝えている。消費者との距離を縮め、リアルなイメージを湧かせ

るにはすごく効果的だという。

さらに西田さんは、香港、台湾、マレーシア、シンガポールなど海外のマーケットにも目を向け、この土地でしかつくれないもの、日本ならではのネイティブなものを世界に向けて発信している。

ぼくたちはいつの間にか、たわわに実ったキウイ畑に座り込み、時間も忘れるくらい西田さんの話に引き込まれていた。西田さんはつくるだけではなく、それを広げ、普及していくための表現力をも兼ね備えたハイブリッドな農家さんだった。

この日出会った農家さんは、それぞれに哲学があり信念があった。それは日々、自然に触れ、各々の感性が導き出したもの。その思いは畑に落とし込まれ、作物を育む。それぞれの農家さんが畑を見て、作物を見て、感じるままに栽培する。それこそが本当の自然栽培なのかもしれない。

Day 5

福岡編

5日目、糸島へ。そろそろ旅も折り返し地点だ。

福岡の中心地から車で小一時間も走ると、東南アジアのリゾート地のような海岸線が広がる。玄界灘に突き出した半島は、山と海と平野がそろった豊かな土地であるとともに、中国の歴史書『魏志倭人伝《ぎしわじんでん》』には、「伊都国《いとこく》」として記されているほど、さまざまな史跡や遺跡が残っている。自然と歴史と食、そしてアート。いろんな楽しみ方ができるのが、ここ糸島の魅力なのだろう。

ぼくらがまず目指したのは、地元の人々に愛されて90年の小さな醤油屋「ミツル醤油醸造元」。この蔵に来たかったのは、4代目の城《じょう》慶典《よしのり》くんが40年ぶりに自社醸造の醤油を復活させた醤油職人だから。いろいろと話には聞いていたけれど、今回が初対面の城くん。坊主頭に、きりっとした面立ち。穏やかな話し方には内に秘めた情熱と芯の強さがあり、若くして職人の色気のようなものを感じた。

農業大学で醸造を学び、新たな設備のために資金を集め続けた城くんは、2010年に、念願の自社醸造を再開させたという。醤油蔵が自社醸造するなんて当たり前のように聞こえるかもしれないけれど、実は日本にある約1500軒の醤油メーカーのなかで、仕込みから醤油づくりをしているのはその1割程度。じゃあ他の9割はどうしているかというと、ほとんどの場合、各県の醤油組合や大手メーカーから生《き》醤油を購入して、火入れ、充填を行っている。もちろん味つけするので他社との味の違いは出るけれど、もとになる生醤油は同じ。つまり本当の意味での生粋の「醤油づくり」を行っているところは意外と少ないのだ。

でもこれにはやはり、急速な近代化が生んだ経済的背景があった。

昭和38年に制定された「中小企業近代化促進法」によって、醤油の協業化が進み、コストと時間のかかる原料処理〜圧搾までの工程を各メーカーで行う必要がなくなり、多くのメーカーが自社醸造することをやめていったのだ。そういった時代背景のなかでミツル醤油も醸造廃止を決断する。

「この促進法が制定された10年後の昭和48年には、醤油の出荷量が過去最高の129・4万klに達しました。協業化したからこそ、今まで1500軒もの醤油屋が営みを続けられてきました。そういう歴史を踏まえて、再び醸造業として本来の姿に戻っていこうという一歩が、〝仕込みを復活させる〟ということなんです」

と城くんは、この醤油業界の近代化の流れをしなやかに捉えていた。

これは農業の世界とも通ずるものがある。

近代化に伴う人口の増加は、世界的な貧困や食料問題へと広がった。そのため、世界の農業は技術を駆使して農産物の生産量を上げるようになっていった。世界の農業は大規模な機械化と人工的に交配した生産性に優れた種、農薬と化学肥料を組み合わせた化学的アプローチを施した。そうした計画的な農地運営と近代的な農法は、膨れ上がった世界の胃袋を満たす重要な栽培手法となった。しかしその偉大な功績の反面、さまざまな問題も残ることになった。

なかでも一番の弊害は、小さな農家を苦しめることになったことだ。収量を上げるために必要な設備投資の額は、従来の農法に比べてケタ違いに跳ね上がった。各国の政策は大農家向けの優遇、貸し付けを主体としていたため、資金豊富な大規模農家にとっては有利に運ぶことができた。しかし小さな農家はそうもいかない。そうして富農と貧農の二極化が進んだ。

残念ながら、現在の農業は未だにこの延長線上にいる。半世紀以上前からすでに顕在化してきた種々の問題は、さらに大きくなり、今のぼくたちにも降りかかってきている。

ぼくたちが日々当たり前のように腹を満たすことができるのは、近代的な技術革新による食料やエネルギーの増産なくしてあり得なかった。そしてぼくたちは、その恩恵を大いに授かって育った世代でもある。

しかしそのことがわかっているからこそ、安易な過去の否定ではなく、オルタナティブな活路を見い出そうとする前向きな力が湧いてくるのだ。

新たに自社醸造を試みる城くんからも、過去を憂うよりも、今や、その先の未来を楽しもうとする気概みたいなものを感じるのだ。

とはいえ、「自社醸造を復活させる」といっても、40年も前のことなので、当然ミツル醤油には仕込みに使う道具や設備がなくなってしまっていたため、かなりの設備投資が必要だった。たとえば一般的な農業の場合でも、農地や種苗にはじまり、管理過程で必要な資材や設備などが必要だ。そうした先行的な投資を回収するには、野菜であっても半年はかかる。生育管理、収穫、販売という過程に、どうしても時間がかかってしまうからだ。

さらに「桃栗三年柿八年」ということわざもあるように、果樹なら出荷レベルの果実を収穫するまでに、さらに多くの期間を必要とする。

城くんが取り組む手づくり醤油も同様で、仕込みから醸造、商品を売って資金を回収できるのは最短で2年後になるわけで、その投資リスクは相当に大きいといえるだろう。

そういったものすべてを背負って仕込みを復活させるということは、とても勇気ある挑戦なのだ。醤油業界だけでなく、さまざまなつくり手からも注目され、城くんの情熱を応援する人が後を絶たないのも頷ける。

早速、城くんの後を追って、蔵のなかを案内してもらった。

仕込み蔵へ入った途端、ふわっと甘く、香ばしい匂いがしてきた。凛とした空気が漂い、背筋が伸びる。20石の大きな木桶が6本、堂々たる出で立ち。木桶の外側には腐敗防止のための柿渋が塗られていて、深みのある色合いをしていた。

奥の木桶は、40年前まで使われていたものを修理し、組み直して使っているのだとか。40年も眠っていたのに再びもろみが注がれるなんて、この木桶たちも思っていなかっただろう。

木桶のなかには2010年から1年ごとに仕込んだもろみが入っていた。城くんにお願いしてぼくたちも足場にのぼり、今年仕込んだもろみに櫂《かい》を入れさせてもらう。数回混ぜると、下からポコポコと音を立て、もろみが吹き上がってくる。すでに発酵は緩やかになっているとのことで、鼻にツンとくる香りが心地いい。もうこれだけでごはんにのせて食べても最高においしそうだ。実際、「もろみ」としても販売しているのだとか。

「生成り、」と名づけられたこの醤油は、その名の通り、そのままで飾り気なし。飽食の時代にあって、シンプルで混じりけのない本当を、という城くんの静かなるメッセージを感じた。

「生成り、」はメイドイン糸島そのもの。原料となる大豆や小麦はもちろんのこと、一昨年からは塩も糸島産の天日塩を選んでいるという。その地で採れるものから醤油をつくり出す。当たり前のようで、そう簡単にできることではない。これは全国の醤油蔵を訪ね歩いた城くん自身が感じたことだ。

ミツル醤油醸造元
糸島郡二丈村
満

ミツル
満
醤油
最上

糸島という地に生まれ育ったこと、この地の醤油蔵に生まれたことの意味。そういった想いのすべてが城くんをメイドイン糸島の醤油づくりに導いていった。さらにはそうやって地域で互いに協力し合うことで、やる気や技術を向上させていき、自分の醤油だけでなく糸島の農家全体がともに成長できる生産サイクルを、城くんは大切にしたいと考えているのだ。

「まだまだ経験が浅いので、微妙に塩を変えたり種麹を変えたり、桶ごとにいろいろと試しています。後から何かを入れて味の差を出すようなつくり方はしたくないんです。醸造の段階で変化をつけるのが、醤油屋の個性だと思っています」と語る城くん。

毎年同じ味を再現するということは、顧客の期待に応えるという意味で、プロフェッショナルな仕事なのかもしれない。でも、微生物の声を聞くかのように、毎年味の違いを楽しむというのは、そこに食べるという文化の芸術性が存在する。

農作物でもそうだが、その年の日照りや雨風などの気候、栽培過程での管理や人のかかわり方など、少しの違いで、味わいもまた変わってくる。「自然の味」というのは野生の味という意味だけではなく、人を含めた自然との共作から生まれてくるものだと改めて思ったのだった。

ミコト屋でも、毎年毎年変わるであろう、この「生成り」醤油を応援していきたいと思っている。

その後も、ぼくらは城くんに糸島をアテンドしてもらった。地元Uターン組の城くんは、この地で豊かな人のつながりも育んでいる。その人柄ゆえ、やはりたくさんのステキな仲間に囲まれていたのだった。

初めて訪れる場所は、窓口になってくれる人の存在によって、その魅力が何倍にも膨れ上がる。城くんが案内役を快諾してくれたことは、本当にありがたいことだった。

「自然農野菜一草《ひとくさ》」の山崎さんの畑に連れて行ってもらった。ここは福岡の自然農の先駆者であり、今は亡き松尾靖子さんの畑を引き継いでいる。自然と人が上手に手を取り合った畑とでもいおうか、とにかくすばらしい畑だった。

一般的に自然農の畑のイメージは、良くも悪くも自然のままで、作物は草にまみれ、どこに何が育っているのか一見するとよくわからない場合が多いけれど、この畑はとても手入れが行き届いていた。支柱のバランスから、植え付けの間隔、畝の立て方まで、ていねいになされている感じが見てとれた。草も生えているが、繁茂という感じではなく、虫も多いけれど多様な種類が飛び交っている。本当にバランスの良い畑だった。

香りの良い裏紫蘇や、インディゴローズトマト、日本カボチャなどの夏野菜たちが元気に育っていた。乾燥や雨から自らを守るために出た白いブルームに、ピンピンしたトゲがたっぷりついたキュウリが、あまりにもおいしそうだったので1本もがせてもらった。こんな暑い日にはぴったりの清涼野菜。パリっとした歯触り、すっきりとした後味。水っぽすぎないところも個人的にはかなり好みの味だった。

ここで、自然農と自然栽培の違いを少し説明しておこう。

自然とは「自《おの》ずから然《しか》らしむる」という意味を持っている。人間が特に手を加えなくても自ずからそうなっていく営み。自然農とは、そんな自然の営みに沿い、最大限に活かし、その恵みをいただくという農のあり方を表した言葉だとぼくは捉えている。

自然農の三大原則は「耕さない。草や虫を敵としない。持ち込まず持ち出さず」。言い換えると「大地を傷つけず、作物のいのちの力を信じ、草や虫とともに育てる。肥料や農薬は用いず、田畑にある生命はすべて田畑のなかでめぐらせる」といった感じだろうか。

自然栽培との共通点も多いが、大きな違いは、自然農は耕起せず、除草も極力しないという点だ。面積あたりの収量だけでいえば、自然栽培のほうが多いだろう。

耕さず、除草もしない自然農の場合、野菜はほかの草に成長を阻まれるし、草まみれであれば、作物の手入れにも余計な手間がかかる。自給するためなら理想的な栽培方法だが、生業にするに

はやっぱり自然農は厳しい。そう思っていた。けれど、この山崎さんの畑を見ると案外、そうでもない気がしてきたのだ。

さまざまな定義やルールがあるなかで、今ある現実とどう折り合いをつけていくのかを考える時、「とらわれすぎない」というのがポイントかもしれない。

たとえば、生前、松尾靖子さんは、基本は畑に何も持ち込まない自然農でも、場合によっては、手助けをしていたようだ。

連作続きで明らかに地力が落ちたなら、その畑で採れた菜種の油かすだけをまいて地力を補ったり、炎天下で長い間雨が降らず、野菜が水を欲しているなと感じた時は、たっぷりと水をあげたり。自然農の原則にとらわれすぎず、目の前の畑を見て判断していたのだ。

自給用の畑と、営農の畑の違いは確かにある。出荷して換金しなければ、農業を続けていくことはできない。畑を休ませてあげられない現実だってあるだろう。言葉や理にとらわれすぎて金銭的、精神的に余裕のない暮らしを避けるためには、そんな柔軟な対応も必要なのだ。

そもそも人間はたくさんの矛盾のなかで生きている。教えに忠実でありながら、一方で自分の畑や感覚に合うやり方を見つけていく。人それぞれの自然農があることこそ、自然なことなのかもしれない。

Day 6
福岡編

糸島2日目は、福岡市西区にある「池松自然農園」へ。自然栽培、自家採種に取り組む園主の池松くんは、ぼくらと同い年の若手の農家さん。同い年ってだけで、不思議と親近感が湧いてくる。

畑には博多長ナス、里芋の赤芽大吉、五木《いつき》地キュウリ、四角豆、暑さにも強いという白丸ナス、神楽南蛮、豆トマト、やらず豆、ピーマンのカリフォルニアワンダー、雲仙の岩崎さんから種を譲ってもらったという沖縄の地キュウリのモウイなど、種採り可能な固定種や在来種の作物がたくさん育っていてワクワクした。

代々農家の家柄に育ったわけでもない池松くんに、なぜ農家になったのかとたずねてみた。

「建設系のコンサルタント会社に勤めとったんやけど、発展途上国への出張が多くて、子どもが生まれても出張には連れて行けんし、ほとんど一緒におれんやった。仕事は楽しかったけど、家族と一緒に過ごす時間が大事と思って会社を辞めた。昔から自給自足に憧れとって、その延長に有機農業という世界があると知って、有機農家で研修させてもらってからやね」と朗らかに笑う。

家族との暮らしを一番に考える。その姿勢は仕事や働き方を選ぶうえで、とても大切で、ぼくも同じ家族を持つ身として学ばされる。

池松くんは、もともと農家ではないため、何もないところからはじめるしかなかった。それは

新規就農者の誰もが抱える難しさでもある。しかし元来農家じゃないからこその強みもあるのだ。それは良くも悪くも先入観がない。代々農家であるがゆえの先入観が、新たな挑戦に歯止めをかけることがよくあるからだ。何もわからないからこそ、より良いと感じたものに、素直に反応し行動できることもある。

有機農家での研修時代、種の袋を見ると、原産国にアメリカ、デンマークなどと書いてあることに気がついた。ほかの袋を見ても日本で採られている種はほとんどない。しかも、その種はピンクやら青やらで色づけされており、その違和感は相当なものだったという。

お世話になったその有機農家さんからは「品種」が大事だということも学んだ。そこで「種」や「品種」について関心を抱いた池松くんは、固定種*の種を専門に販売する「野口種苗」や、種採りの第一人者である雲仙の岩崎さんの存在を知った。そして野口さんや岩崎さんの本を読むうちに、自分が進むべき農の方針が固まってきたという。

「自分の畑でできる最高の野菜を育てるために、固定種の野菜を栽培して自家採種しよう」

そう思った池松くんは、野口種苗などから固定種の種を購入していたが、市場には出回らない在来種というものがあり、それらは年々消滅していっていることを知る。さらに、同じ九州にいる岩崎さんの畑に行った際には、多くの在来種を見ることができ、その生命力あふれる姿に感動したのだった。

在来種は長い年月をかけ、その土地の風土に馴染んできたもの。せっかく生まれ故郷の福岡で農業をしているなら、なるべく福岡の在来種を探し、守ろうと決めた。

1年に1品種、在来種を守っている人を探し出し、それを受け継がせてもらいたいと考えた。そうして手元に集まったのが、芥屋《けや》カブや三毛門《みけかど》カボチャ、かつを菜やお多福春菊、小田部《こたべ》大根などだ。

現在は種苗会社から購入できるものでも、なるべく福岡や九州の在来種は自家採種をしている。種苗会社から入手できなくなっても次世代へつなげることができるようにと意欲的だ。

池松くんは、大学時代は神戸、会社員になってからは東京で生活していたが、九州弁がまったく抜けなかった男だ。

「単純に順応性がなかったこともあるけど、今思えばそれ以上に郷土愛が強かった。九州出身の人に会ったら、それだけで好意を抱いとったけんね」と話す。池松くんが福岡の在来種を育て、次世代につなげたいと思ったのは、ごく自然な流れだったのかもしれない。

「正直、こんなに大変だとは思わんやった。知ってたらやらんかったかもね。でもやることは多いけど、その分楽しみも多い」と言って笑う池松くんは、うらやましいほどに輝いて見えた。

並々ならぬ苦労も多い池松くんにとって、岩崎さんに言われた言葉は今も励みになっているという。「種採りは息の長い地味な世界。5年か10年か20年かわからんけど、種を採り続けたらある時、劇的に変わる瞬間がある。それまでは続けんといかんよ」と。

種採り農家だけが味わえる、変化の瞬間。ぼくらではわかり得ない世界だ。


また、池松くんはどんな種を選ぶか、というところで独自の工夫もしていた。

たとえば、無肥料栽培だと一般的に野菜の成長はゆっくりだが、端境期（P.144）を考え、早く育ってほしいという思いもある。普通なら品種を変え、早生種《わせしゅ》（普通の時季よりも早く実る品種）を選ぶわけだが、池松くんは、その野菜のなかで早めに育った良いものを種採り用に育てていく。それは、早く育つ親の遺伝子から生まれてくる子孫も早く育つのではないかという発想から。自然に育つというところを巧みに活かしたこのアイデアは、さすがだなと感心してしまった。

そんな池松くんも、はじめは野菜が育っても売り先がなく苦労したという。売り先がないから直売所などに持っていくと、当然安い値段で買い取られる。慣行農家のように、安い買値でも量をつくれば食べていけるかもしれないが、今のやり方ではたくさん採ることは難しい。かけた手間ひまに対する適正価格で販売することの難しさは、どこの世界も同じだった。

今後は自分の身の丈に合わせて畑も拡大していきたいけれど、手間のかかるものだからどれだけできるかわからない。それでも「*WWOOF《ウーフ》」などの手助けは、今のところ考えていないという。「人が苦手だから」と笑っていたが、池松くんのこだわりもある。

たとえば草取りひとつとっても、とにかく手当たり次第に草を抜いてほしいわけではない。意味があって生やしているところもあれば、そのなかに紛れて作物があったりもする。その辺の畑の詳細は、自分にしかわからない部分でもあるからだ。

「近隣で何十年も農家をしている人の畑では、立派な野菜ができているのに、自分の畑では小さいものしかできていない。そんなのを見ると正直焦りも感じる。でも今は自分の畑で〝最高の野菜〟をつくるために、固定種野菜を〝自家採種する〟という信念を持って、じっくり研究、模索しながら野菜をつくっていきたい」と語る池松くん。10年後、池松自然農園にしか出せない輝きを放つ野菜が採れる日がきっと来るだろう。

ぼくらと同い年の硬派な農家に、言葉にできないシンパシーを感じる。池松くんの農家としての成長と、ぼくらの八百屋としての成長。お互いまだまだ芽が出たばっかりだけど、ゆっくり成長し、いつか互いに咲いた花を愛でるのが楽しみでもあるのだ。

＊
固定種／その土地で繰り返し育つなかで、遺伝子が固定された種のこと。その種からは同じ性質のものが育ち、単一の遺伝子が受け継がれる。在来種は、人から人へ、小動物や虫を介して風に運ばれ、その土地ごとに異なる気候風土に適応しながら、長年つくり続けられてきた種を指す。

＊
WWOOF／金銭のやりとりなしで、「労働力」と「食事とベッド」を交換する仕組み。環境を大事にする人たちや、自然が豊かに残っている場所、または人と人との交流を大切にしているところと、農業体験をしてみたい人たちとをつなぐ登録制のシステム。世界中に受け入れ先がある。

Day 7
徳島編

福岡を後にしたぼくらは、最大時速80kmのミコト屋号でナイトクルージングを敢行。四国に着いたのは翌日のお昼頃だった。やってきたのは徳島県海部《かいふ》郡海陽町。ぼくらが〝アニキ〟と慕う、藍の伝道師、山本牧人さん（通称マッカさん）のもとを訪ねた。

サーファーでもあるマッカさんは相変わらずよく焼けていて、浅黒く引き締まった体に藍で染めたシャツがまぶしい。

その昔、日本を訪ねた外国人は鮮やかな青を身にまとう、誠実で人懐っこい人々に驚いたそうだ。その鮮やかな青は「Japan Blue」と呼ばれ、日本文化の一翼を担っていた。マッカさんが身にまとう藍もどこか〝サムライ〟を感じさせる凛とした空気が漂う。そしてマッカさんの隣にはお馴染みの愛犬インディーがぴったりそばにいるのだった。

マッカさんがこの海陽町で暮らしはじめたのは5年前。それまでの10年間は、カリフォルニアからサーフボードとサーフウエアを輸入し、国内で販売する代理店として全国のサーフポイント、サーフショップをめぐっていた。海でアポを取り、ショップで営業するという、なんともマッカさんらしい斬新なスタイル。寝泊まりは基本キャンピングカーで、その移動距離は年間8万kmにもおよんだそうだ。

ここ海陽町は世界的にも知られるサーフスポットのKAIFU（海部川河口）があることから、国内外からプロサーファーや彼らの家族が訪れ、定住する人も多い。ノマディックな暮らしをしていたマッカさんが、海と藍とともに生きることを選び、この土地に根を張ろうと思ったのも必然的な流れだったのかもしれない。

古くは「阿波国《あわのくに》」と呼ばれていた四国の東部に位置する徳島県は、江戸時代、「藍作」が主要な産業だった。その背景には大坂周辺で綿花の栽培が盛んになり、綿の染料としての需要が高まったからだといわれている。

東西に流れる吉野川は当時、堤防が築かれておらず、毎年台風の時期には氾濫し大洪水を起こしていた。台風は稲刈りの時期に来ることが多く、台風の時期以前に収穫が行われる藍作は、稲作よりも阿波国に適した産業だったようだ。

マッカさんは現在、伝統的な阿波藍を育てるオーガニックな農家さんでありながら、藍の染め師としても活躍し、各地のアーティストとのつながりのなかで生まれた商品も販売している。

また藍の魅力と有用性を啓蒙する活動家でもあり、藍を染め物の原料とするだけでなく、体にとり入れる薬草としても紹介しているのだ。

藍は薬用植物としての歴史も古く、2000年前に記されたとされる中国最古の薬物書『神農《しんのう》本草経《ほんぞうきょう》』のなかで藍は、脳炎、流行性感冒、細菌性下痢、急性胃腸炎、急性肺炎などにも効くとされ、「デトックス効果」のある薬草として紹介されているのだとか。

ぼくらとマッカさんの出会いも、マッカさんが〝藍を食べる〟をコンセプトに、日本各地でポップアップレストランとして巡回している時だった。ぼくたちはマッカさんに出会い、藍が日本人の暮らしにどれだけ溶け込んでいたかを知り、そして藍のポテンシャルとマッカさんの人柄に

惚れ込み、ミコト屋でも藍の葉を乾燥させたお茶を販売させてもらっている。その「藍の葉茶」もここ海部で育てられたもの。

今回、この地を訪ねたのはその藍の生産現場と、マッカさんのライフスタイルをこの目で見たかったからだ。

初日は藍の畑に案内してもらった。

「サーファーとして豊かな海を取り戻すために、山や川がよみがえるような藍栽培で農地を活かす。大好きな海部川支流の上流で、肥料なし、農薬なし、水やりなし。そこに生きるすべての生きものと一緒に藍を育てる」というマッカさんの想いが詰まった2反ほどの畑に、念願叶ってやっと訪ねることができた。

ぼくらが訪ねた8月上旬は、ちょうど一番刈りの時期。マッカさんが畑に持って行ったのは、収穫するための鎌と、刈り取った藍の葉を包む筵《むしろ》だけ。とにかく無駄のないシンプルなスタイルだった。

いろいろ聞きたいこともあったはずなのに、なんとなく話しかける気にならず、しばらくずっとマッカさんの作業を見つめていた。

腰をかがめ、手と鎌だけで淡々と収穫していく。藍葉の緑色、畑の土色、手についた藍色。言葉にしがたい美しいコントラスト。静かで透き通った時間。いつもマッカさんにべったりのインディーも畑には入らず、脇の畦《あぜ》にたたずんでいた。

藍の畑にはどこか神聖な雰囲気があるような気がする。人が植物を育て、大地から切り離すという行為は、ある意味でとても非自然な行為だ。自然のなかに自らの手を入れるということに、不思議と神聖な気持ちを抱いていたのかもしれない。

そしてまた、この藍畑には気の遠くなるような、時間と手間がかかっているということがわかり、販売させてもらっているぼくらも、改めて身の引き締まる想いだった。

Day 8, 9
徳島編

2日目には、マッカさんが我が子のように育てている藍甕《あいがめ》で藍染めを体験させてもらった。この日のために、各自シャツやカバンを持ってきていた。果たしてどんな藍色に染まるだろうか。

人が布をまといはじめた太古の昔から、美しく着飾ることは人間の本能や社会性に深く根ざしていた。色は時に儀式や祭りを彩り、戦においては仲間を識別するため、権力者はその存在を誇示するため、そして何より男女にとっては自らをアピールするため、地球上のいた

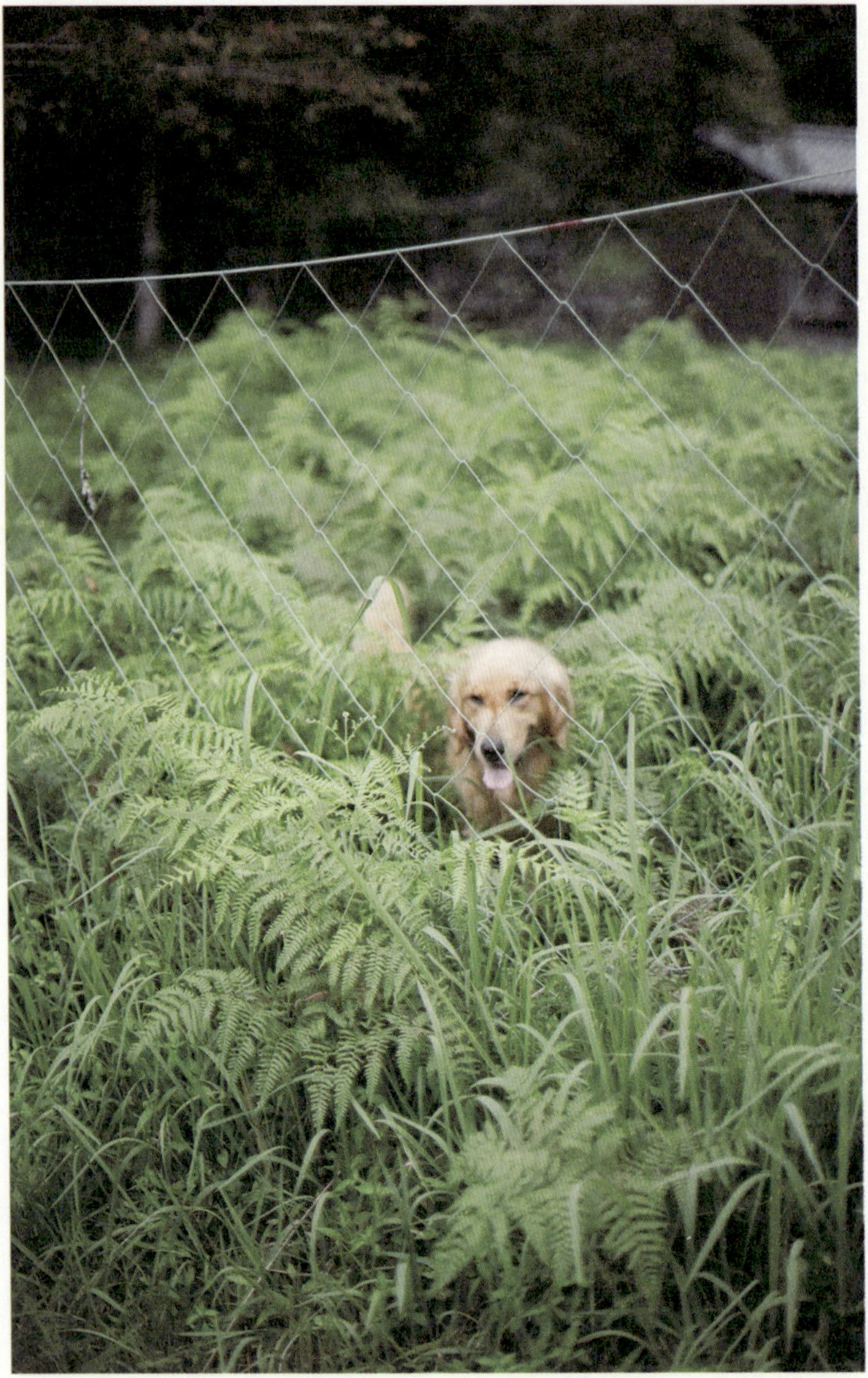

るところでさまざまな染料や染色技法が考案されてきた。

マッカさんの阿波藍は、江戸時代から続く伝統的な藍染めで「天然藍灰汁醗酵建《あくはっこうだ》て」と呼ばれる。農家より持ち込まれた乾燥葉を、藍師という職人さんにより約120日間かけ発酵を促し、種まきから約1年という長い時間と手間をかけて「すくも」と呼ばれる染料のもとがつくられる。

発酵させることにより、藍の葉に含まれる「インディカン」という成分を凝縮させる。それをさらに、藍甕のなかで灰汁やフスマ、石灰、酒などとともに発酵させ、その液のなかで何度も染め重ね、絞り、空気に触れさせて、酸化させることで「インディゴ」という色素に変化させる。

これは、四季のある日本で、1年中藍染めができるように考え出された日本独自のものだという。この技法で染めるには、気の遠くなるような手間と時間がかかるし、藍の機嫌をうかがいながら常に調整していくという職人技も必要とされる。

また化学薬品を一切使わず、自然界から採れる原料のみを用いるため、布やそれを身につける人だけでなく、環境にとっても非常に優しい染色方法といえるだろう。この技法が確立された江戸時代から「紺屋《こうや》」と呼ばれる染屋が急速に増え、藍は庶民の色となっていったそうだ。マッカさんはいわば現代の紺屋なのだ。

マッカさんの指導のもと、いよいよ藍染め。まず藍甕のふたを取ると、何ともいえない香りが漂う。はじめはツンと鼻をつく感じもあって、慣れてくると癖になるくらい心地いい匂い。液面に泡のようなものが浮いていた。これは「藍の華」と呼ばれ、きれいな華が咲いているかどうかが、藍の元気さのバロメーターになるという。

甕のなかの液体は茶色で、空気に触れることによって青く発色する。甕のなかでなるべく泡を立てないようにゆっくりとシャツをくぐらせ、もみ込むように藍液を吸わせていく。思いのほか集中力を要する。生地を泳がせてインディゴをキャッチさせ、絞ることで包み込ませる。絞って干して、また染めてを5回くらい繰り返し、工房の裏にある川で洗い流す。すべて自然素材でできている染料だから、川に洗い流せるというのがまたすばらしい。川で洗うことで、川にはカニなどの生きものの数が増えたという。

そして最後に天日干し。日光にさらすと鮮やかな青色に発色した。甕のなかの藍は生きものであるため、やはり少し緊張する。ほどよい疲れとともに、染めたシャツや肌着を眺めながらしばし休憩した。

昔は着物や浴衣だけでなく野良着や暖簾、蚊帳、おむつなど生活の多くのものに藍が使われていたそうだ。また〝粋〟を尊ぶ江戸の男衆は、藍で染め抜いた半纏などで自分の職業や所属を紋様や柄で表現し、そしてその裏地などに自分自身の主張を、洒落を交えて表していたというから、なんともかっこいい話だ。

藍で染めた肌着は、冷え性や肌荒れ、あせもなどにも効果があるといわれる。さらに防虫効果も高く、江戸時代の古布も藍で染まった場所だけ虫食いがなかったり、大切な着物は藍の風呂敷で包んでいたそうだ。そして藍には染めれば染めるほど生地を補強する力もあるため洗濯に強く、丈夫で長持ちする。そんな藍の防虫、抗菌、消臭作用は、微生物の力によって発酵し、生きている藍ならではの自然の力なのだろう。

これほどまでに人々の暮らしに溶け込んでいた藍染めも、明治後半になって合成した化学染料により、一気にその存在感を薄め、衰退の一途をたどっている。とはいえ、ほんの100年前の日本は確かに藍の国だったのだなと、自分で染めたシャツを眺めながら思った。

昔の日本人が暮らしのなかで編み出してきた藍染め。豊かさと便利さのなかで消えることなく継承されてきたのは、時代が変わっても人々を惹きつけるものがあったからに違いない。


夕方、翌日のサーフポイントの下見へとマッカさんのキャンピングカーで出かけた。運転するマッカさんの助手席にはインディーが座る。犬と人の理想的な絆が2人のなかにあるようだ。

途中、来年からマッカさんが仲間と借りるというポンカン畑にも立ち寄れた。サーフポイント

藍

に着くとタイミング良くサンセットタイム。それは見事にきれいな夕日だった。30分くらい眺めていたような気がする。九州ではめまぐるしく動きまわっていたけれど、徳島に来てからはゆっくりと時間を過ごせた。旅には緩急も必要だ。

3日目は早朝から海に出かけた。マッカさんと昨日から合流したぼくの同級生ソーシはサーフィン、ぼくと徹とカメラマンのLaiはSUPでのんびりと海を漂う。

マッカさんとインディーは波乗りまで一緒。マッカさんが波を待っている間、インディーもずっと犬かきで待っている。波に乗っている間は板の前方に座り、上手にバランスをとっていた。雄犬のインディーだけど、マッカさんを見つめるその視線は、まるで恋人を見ているようだった。

ぼくらがいた3日間、マッカさんは仕事の手を止め、つきっきりで海部を楽しませてくれた。藍とともに生きるマッカさんはたくましく朗らかで、まさにサムライのような〝粋〟な人だった。

東京に帰る道すがら、ハンドルを握るぼくの手はまだ青々と染まっていた。

そういえば、徳島でぼくらが見た海も空もみんな藍色だった。先人たちはその多彩な青を植物のなかに見つけた。植物のなかにこんな奥深い色が眠っているなんて、自然の〝しかけ〟というものも、また〝粋〟なものだと思うのだった。

ぼくらが徳島を発った翌日、徳島南部は経験したことのない大雨に襲われた。ぼくらが見に行った藍の畑や、マッカさんの工房も豪雨によって冠水してしまったという。マッカさんの家の裏山も崩れ、きれいなサンセットを眺めた道路も通れなくなったそうだ。

幸い大事にはいたらなかったが、昨日まであんなにリラックスして過ごした場所が、たった1日で豹変してしまった現実に自然の優しさと厳しさを思い知らされた。

SNSでその状況を知り、すぐにマッカさんに電話をかけた。こちらの不安をはねのけるような明るい声で、「おー、大変なことになった。今ウエット着て畑にいるで」と笑い飛ばしていた。藍の畑はマッカさんの腰くらいまで冠水して、資材の多くは流されてしまったけれど、藍の根は思っていたよりも深く張っていたため、なんとか持ち直したと報告を受けた。子どものようにかわいがっていた藍甕も無事のよう。もちろんインディーも！

自然とともに生きること。それは時に優しく、時に厳しい自然に寄り添って暮らすということ。どんなに丹誠込めて育てても、豪雨や川の氾濫、山の噴火、地震、台風、干ばつ……いつ何が起こるかわからない。自然の脅威といつだって隣り合わせ。だからこそ、収穫の恵みは本当にありがたいもの。そうやって農家さんが大切に育てたものをぼくらは販売させてもらっている。そのことに対して改めて、感謝の気持ちが芽生えたのだった。

旅を終えて

今夏の産地めぐりも無事に終わった。ツアー行程9日間、総移動距離4000km。本当に充実した旅だった。そこにはたくさんの学びがあり、小さな八百屋は、ひとまわり大きくなれた。「はじめまして」の農家さんから、日頃からお世話になっている農家さんまで、それぞれの人柄に触れることができた。そして何より、農家さんの野菜に対する愛情を、身をもって感じることもできた。

「あぁ、この子はね……」と、まるで友だちを紹介するみたいに野菜について語ってくれる。そこには〝育てる〟というより、〝ともに育つ〟というような感覚がある。みんな野菜と同じ目線で対峙し、野菜をちゃんといのちあるもの、心あるものとして認識している。

野菜だけじゃない。ぼくたちが日々暮らすなかでかかわる、あらゆる生命に対しても、同じ目線を持つことの大切さを教えられた気がする。言葉じゃしっくりこないけれど、実際に農家さんと会い、畑に足を運ぶことで、すとんと腑に落ちるものがあるのだ。

旅することでぼくらはリアルな農家さんを知り、等身大のぼくらを感じてもらう。やはり結局は、人なのだ。どんな人がどんな想いで育てているか。ぼくたちはそれを知ることで自信を持って販売できる。農家さんには、どんな男たちがどんな想いで販売しているか。それを感じてもらうことで安心して託してもらいたいのだ。

ぼくらが旅をするのは、そんなリアルな信頼を求めているからだ。もちろんお互いの状況や考え方、想いは変化する。だからぼくらはまた畑を訪ね、お互いの近況をアップデートしていかなくちゃいけない。

そう、ぼくらの旅はこれからもまだまだ続いていくのだ。

コラム2◉種の記憶

かつて種は、農家が手塩にかけて育ててきた共有財産でした。その種が今、農家の手の届かないところに行こうとしています。日本において食料自給率の低さは広く知られていますが、その源となる種の自給率が著しく低いことはあまり知られていません。

一般的に、日本の野菜の種子自給率は約10％といわれています。種袋の後ろを見てみると、そのほとんどが海外で採種されていることがわかります。つまり日本で育てた野菜も、実は輸入された種子に依存しているということなのです。

もし、種子の価格が高騰したり、輸入がストップすれば農家は作物を生産することができなくなります。しかもそのほとんどが「F1」と呼ばれる品種改良された種子です。

F1とは、「雑種強勢」という植物の持っている性質を利用して、異なる形質の植物をかけ合わせ、1代限りの優秀さを求めたものです。それゆえに2代目は形質がバラバラになり、農家は毎年新たに種子を購入する必要があります。

F1種のメリットは、流通業や小売業にとって大きさやかたちが均一で扱いやすく、農家にとっては栽培時間の短縮、収量の増加、発芽や収穫時期の安定があげられます。大量生産・大量消費という経済効率最優先の時代においては必要な技術革新だったのかもしれません。

今では、流通する野菜の9割以上が、F1の種から生産されています。つまりほとんどの農家は、毎年種苗会社から種を購入しているのです。

しかしながら一方では、在来種、固定種といった長い年月をかけてその土地の風土のなかで、長年伝承されてきた種も存在しています。昔はどの農家も自分でつくった野菜から種を採り、次の年にその種をまくという「自家採種」を、当たり前のようにやっていました。まだ野菜の自家採種が盛んだった明治頃の書物には、野菜の栽培方法として、「採種法」が必ず載っていたそうです。かつての野菜栽培というのは、ただ種をまいて収穫するだけでなく、生育の良い親株を選抜して種を採ることまでを含んだ、農家の営みを指していたのです。

また自家採種した在来種や固定種は、自然栽培との相性が良いのです。なぜなら肥料を与えないので、自ら養分を求めて根を伸ばしたり、農薬を使わなくても、自ら虫や病気を自衛し、必死に生きようとするからです。植物は過酷な自然環境におかれるほど、次の世代にいのちを残そうという力が強くなります。結果、生命力の強い野菜や種がつくられていくのです。

とはいえ、農家にとって自家採種するということは大変な手間と根気が必要です。しかし種は採り続けることによって、その土地、その気候に合ったものに変化していきます。それは種と土、種と人との調和を育む大切な作業なのです。

ぼくは単に、品種改良を否定しているわけではありません。おいしいと感じるF1種もいっぱいあります。本来、他品種との交雑は自然なことです。種には先祖代々の生きた証が刻み込まれています。どこでどのように育ってきたのか、種は記憶しているのです。

結局は野菜も人も、生きものはみな「未来の子どもたちに何が遺せるのか」を考えています。それは地球上のすべての生命が共有する、ライフワークなのではないでしょうか。

The farmer's File

file no.

01

name

(有)サンズファーム
寺井三郎

farmer

profile

農家の家に生まれた三男で三代目。慣行栽培に限界を感じ、よりおいしくより自然な栽培を目指し、2004年より自然栽培に着手。新規就農者の独立支援をはじめ、生業のための農業を教え、研修生も受け入れている。

かつて江戸の食文化を結ぶ生命線として栄えた舟運の街、千葉県銚子市。太平洋からの温暖な風が季節問わず豊かな恵みをもたらす。点在する畑の総面積は4町歩。寺井さんはそこで大根、ニンジン、ネギ、サツマイモ、枝豆など約20品目の野菜を農薬や肥料を用いず栽培している。慣行栽培で順調な経営をしていた寺井さんが、自然栽培に切り替えたきっかけは息子さんの喘息だった。

「自分の育てたものは本当にいいものなのか？　そして人間が病気に対してできる一番効果的なことは病気にならない体づくりなんじゃないか？」

そんな想いから次第に自然栽培に惹かれていったという。農薬や化学肥料の効用と弊害、どちらも痛いほどわかっていた寺井さんにとって、それは勇気のいる決断だっただろう。もちろん収量の差は歴然。それでも自然栽培で育った野菜をみんなが本当においしいと食べてくれるから続けられると寺井さんは言う。

野菜づくりにおいて、とにかく相性を大切にする寺井さんは、種と土、土と自分、自分と種の相性をとことん追求する。「相性は大事。人づき合いと同じだっぺ！」と、すべてを生きものと捉える寺井さんらしいステキな言葉だ。

さらに寺井さんは畑の「場」との関係も考える。

「場っていうのは、同じように土づくりをしていてもある部分だけ育ちが悪いところがあったりする。そういう物理的には理解できないけれど、肌で感じる畑の良し悪しのことだよ。農業は頭だけじゃできない。場の空気や気の流れを感じ取っていくこともすごく大事なこと」

こうした感覚は生まれ持ったものなのか、畑に身を置くことで培われるのかはわからないが、寺井さんの野菜に対する純粋なこだわりを垣間みることができる。寺井さんが育てているのは、そんな人柄を感じる優しい野菜なのだ。

The farmer's File

file no.

02

name

amrita農園
渡邊 哲也
深谷 良子

farmer

profile

就農6年目の渡邊さん、深谷さんが営む約1町歩の畑では、主にトマト（大玉、ミニ、イタリアン）やナスなど、年間約50品目の野菜を自然栽培で育てている。「amrita（アムリタ）」はインドの神話で「不老不死の薬」の意。

山ひとつ越えれば、世界遺産で有名な白川郷にもほど近い岐阜県高山市清見。夏と秋、ミコト屋の野菜セットをにぎやかす「amrita農園」は、雄大な山々と澄みきった小鳥川に囲まれたすばらしいロケーションにある。ぼくらと同世代の渡邊さん、深谷さんはとても柔らかな雰囲気で、野菜に対してとても熱い想いを持った農家さん。直感的に「この人たちの野菜はミコト屋にマッチする」と感じた。

夏場は友人のトマト農家のお手伝い、冬場はスノーボードという日々を過ごしていた2人は、農家になりたいという思いを抱えつつ、どの栽培方法を見ても「これだ！」と思えず、なかなか農の世界に踏み込めずにいた。そんな時、テレビで、青森のリンゴ農家・木村秋則さんの特集を見て、その栽培方法や木村さんの人柄、何よりも幸せそうな表情に渡邊さんはパッと視界が開けたという。「これがしたかったんだ！」と一念発起、すぐさま深谷さんとともに、知識も経験もないまま就農。当然ながらうまくいかないことだらけだった。「でも、やるって決めた時からそれなりの覚悟を持っていましたから」と辛かった過去も明るく振り返る。

高山市は豪雪地帯であり、畑で栽培ができる期間は4カ月ほどと短いため、渡邊さんは冬の間、老人ホームでアルバイトをしている。シーズンが短いと焦ったりしないんですか？　とたずねると「逆ですよ。ほかの人より期間が短い分、野菜に対する想いも強くなるし、春が楽しみでしょうがない。農業ができる喜びを日々感じられます」

amrita農園から届く野菜は一つひとつていねいに箱詰めされていて、毎回手紙が添えてある。「今年のトマトは去年よりめちゃくちゃうまいです。ぜひ食べてみてください！」。育てるだけでなく、ていねいに届ける。こういったひと手間に2人の野菜への愛情を感じるのだ。

The farmer's File

file no.

03

name

カリーのやさい
安藤 隆文

farmer

profile

1978年生まれ。環境問題と農業に興味を持ち、有機農業をはじめる。琵琶湖の近辺で生まれ育ち「孫の代には気持ち良く泳ぎたい」を自身のスローガンに掲げ、より環境負荷の少ない自然栽培に取り組みはじめる。

“純粋なる野生児Farmer”。彼にはこの言葉がよく似合う。滋賀県草津市、琵琶湖にほど近いところに、安藤隆文さん（通称カリーくん）の畑がある。とにかく外仕事が好きで、働くなら農業しかないと思っていたそうだ。「衣食住のなかでも、“食”を自給したかった。やるなら仕事にしちゃえと思ったんよ」とカリーくん。

幼い頃から琵琶湖が遊び場。けれどその頃の琵琶湖はすでに汚れ、泳げるような環境ではなかったそうだ。「昔の琵琶湖は鮎、うなぎ、貝などが捕れて本当にきれいだったぞ」と聞いて昔をうらやましく思いながら、悔しい思いを抱えていた。そんな経緯もあり、大人になって自分を育ててくれた土地に対する真っ直ぐな想いが、環境にできるだけ負荷をかけない自然栽培という農業につながっていったそうだ。

カリーくんは、野菜は“食べもの”というより“生きもの”だと言う。だからこそ野菜のペースに合わせて無理なく育ててあげることを大切にしている。以前、発注の確認の電話をした際、前日にカリーくんのお父さんが亡くなったと聞き、発送はしなくても大丈夫だと言ったところ「それは野菜たちには関係ない。野菜たちは待ってくれへんからな。ちゃんと届けるわ」というカリーくんのこの言葉を今でも鮮明に覚えている。野菜を想う気持ちは、まさにプロフェッショナルだと思った。

本当に農業が好きなカリーくん。「外で季節を感じながら仕事できるし、毎年新鮮で、ピカピカの1年生な気持ちでいられるしな。それに自分で育てた野菜は我が子のようにかわいいし、何よりうまい。将来、もっと仲間を増やして環境を良くしていきたい。そのためにはもっとたくさんの人に食べてもらって知ってもらわんとな」

そう遠くない未来、きれいになった琵琶湖で孫たちと泳ぐカリーくんの姿が目に浮かんだ。

The farmer's File

file no.

04

name

佐々木ファーム
佐々木麻紀

farmer

profile

1975年生まれ。佐々木ファーム三代目の三女。小さい頃から畑仕事が大好き。ニュージーランド、東京を経て「農業を通じてできることがある！」と北海道へ帰郷。現在は佐々木ファームのディレクターとして活躍。

あるイベントでぼくらのブースに遊びに来てくれたのが、佐々木ファームの元気印、佐々木麻紀さんとの出会いだった。浅黒い肌に大きな声、第一印象からポジティブなパワーを感じた。

佐々木ファームの歴史は長く、北海道洞爺湖町で初代が明治40年に開拓した。麻紀さんの義兄の貴仁さんが継いで17年。約14町歩もの広大な面積にもかかわらず、農薬にも肥料にも頼らず、大地の力だけで自然栽培に取り組む。

佐々木ファームはとにかく気持ちがいい。眼前に広がる畑もそうだが、スタッフの働き方がすばらしい。畑で会えば元気にあいさつをしてくれ、みな常に笑顔なのだ。外から見ていると何とも幸せな空間だが、佐々木ファームも今にいたるまでにはさまざまなことがあったという。

貴仁さんが継いだ頃、経営が悪化。離農しようかと考えていた時、貴仁さん夫婦の息子大地くんが突然亡くなってしまう。その数日後、一冊の本が友人から届いた。そこには「ありがとうを言い続ければ奇跡が起こる」とあり、以来、「ありがとう」を心のなかでくり返しながら、栽培していたのだという。それからが奇跡のはじまりで、お客さんから「前より野菜がおいしくなったね」といわれるようになったのだそうだ。「食べた時においしい、うれしい、楽しいと思う気持ちがエネルギーになる。だからこそ農薬がどうこうじゃなくて、食べたいと素直に思うものをしっかり選択してほしい。自分たちが育てた野菜がお客さんに届き、食べてもらうことでエネルギーになっていくまでを大切にしたい」と麻紀さん。

流通役であるぼくらは、届けるだけでなく、この想いも一緒に伝える使命があることを改めて実感した。身をもって生きることの大切さを教えてくれた大地くんとともに、佐々木ファームでは今日も愛情に満ちたおいしい野菜を育てている。

3

ミコト屋対談

Talk with rooters

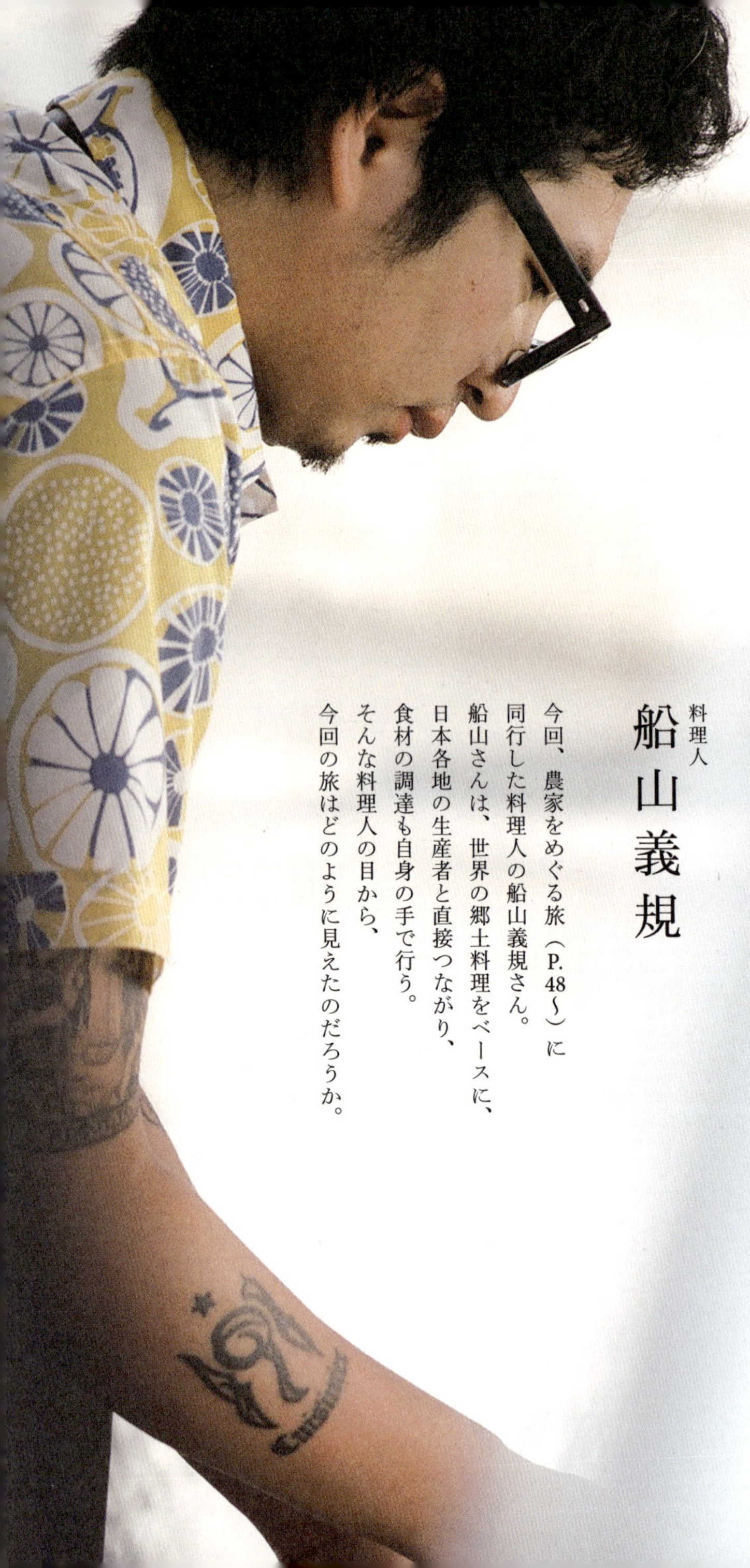

with

料理人
船山義規

今回、農家をめぐる旅（P.48〜）に
同行した料理人の船山義規さん。
船山さんは、世界の郷土料理をベースに、
日本各地の生産者と直接つながり、
食材の調達も自身の手で行う。
そんな料理人の目から、
今回の旅はどのように見えたのだろうか。

本物の「おいしい」を伝えたい

鈴木：長崎県・雲仙市で在来種を育てている岩崎政利さん（P.52）のところへ行くことが決まった時、「船山くんしかいないな」と思って声をかけました。船山くんは、全国の生産者をまわって、世界の郷土料理をつくっていると聞いていたから、この旅の相棒にぴったりだと思ったんですよね。あと、料理人っぽくない風貌もいいし（笑）。

船山：これでも前より少しは料理人っぽくなったんですよ（笑）。

鈴木：まさに、船山くんは料理人としての多様性を体現していて。今回、農家さんをめぐるなかで「多様性」って言葉、何度も聞いたじゃないですか。ぼくらの社会においても、もっと多様性があって、自由であっていいと思う。そういう意味では、ものすごく自由で奥行きのある料理人だなと思っています。

――岩崎さんがつくった在来種の野菜を料理してみて、どうでしたか？

船山：正直、難しかったですね。個性が強くて。でも、だからこそおもしろかった。バランスが取れていないものを扱う難しさを感じました。特定の調理法では活きるけど、オールマイティにどんな料理にでも合うものじゃない。でも、それこそが在来種の魅力でもあるんですけど。

――魅力自体が、難点でもある、と。

船山：そこの一点突破というか、ぴたっとハマった時の爆発力みたいなものは、食べ手だけじゃなく、料理人も生産者をも引き込む、ものすごいパワーを持ってると思うんですよ。それが在来種が持つ強さなのかな。簡単には扱えないと思いました。即興でやるには限度がありましたね。

鈴木：船山くんも料理しながら「怖いですよ」と言って

いて。在来の野菜は個性的だし、味つけでどうこうなるものじゃないから、確実にゴールが見えてないなかで、見事に着地させていてすばらしかった。
船山：料理をしていると、「この野菜にはこういうものが合うんだろうな」というのが見えてきたんです。たとえば、みかん農家の福田さん（P.64）を訪ねた時、「イノシシがみかんを食べに来る」とおっしゃっていて。そうしたら、イノシシとみかんは絶対に合うなと。それをお皿の上でどう表現していくかということを考えるのがすごく楽しいんです。ただ料理するだけじゃなくて、ストーリーも一緒に食べ手に伝えられたらもっとおもしろくなる。食べものが生まれた環境もひっくるめてひとつのお皿で表現できますから。
鈴木：料理人こそ、厨房を抜け出して、生産者に会うといいんじゃないかな。ひと皿を考え、料理するということは、ものすごくクリエイティブなこと。畑に出たら、きっとネタがごろごろ落ちてるはずです。それを一つひとつ拾って表現してくれたら、もっとおもしろいことになりますよね。
船山：絶対そうなんですよ。技術を追求していくタイプの料理人は、厨房のなかでもイマジネーションでつくり上げていけるんだけど、ぼくはそういうタイプじゃない。もちろん、そういうものに憧れて、勉強していた時期もありました。でも、生産者に直接会って、話を聞いて、いろんな現場を見ていくうちに考えが変わったんです。すべては現場からはじまってるんだなと。
――今回、農家さんめぐりに同行して、毎回驚きの連続でした。実際に会って、聞いてみないとわからないことだらけすぎて。
鈴木：それって、生産者も同じなんですよ。だって普通なら、生産して出荷した後、どんな人が扱っているのかわからなくて、どういうふうに売っているのか、その先でどういう人たちが食べているのかほとんどわからない。ぼくたちは小さな流通だからこそ、生産者と信頼関係を築くことがすごく大事だと思っています。

農家さんにとって、「おいしかった」という言葉は、最高で最大の賛辞なんです。これ以上にうれしいことってない。だって、あれだけ心を込めて育ててるわけですから。それは調理する料理人にとってもそうだと思うし、食べ手も喜んでくれて、その喜びをぼくたちが農家さんにフィードバックすることで農家さんも喜んでくれる。「おいしかった」っていう言葉はみんなをハッピーにさせるんです。農家さんがおいしいものをつくってくれたら、あとはぼくたちの番。バトンを消費者まで届けて、それを農家さんに返すっていう、そういう循環がもっと生まれてくるといいなって思いますね。

――今までは、それぞれの関係が分断されていたってことですよね？

鈴木：分断されるとごまかしがきくんですよ。どんな人が食べてるかわからなかったら、ちょっといい加減なことをしようと思う人がいても、それは仕方がないと思う。だって人間なんだから。それにおいしかったかどうかの声も返ってこないんだから、そこにやりがいを見い出せといわれても、そりゃ難しいですよ。そしたら、何がやりがいになるかっていったら、お金でしょ。どうやったら儲かるかっていうことになっちゃう。それは別に農業だけにかかわらず、一次産業すべてにいえることだと思うけど、だから、野菜がだんだんと工業製品化してきたんだと思います。分断して関係が見えなくなってることに、一因があるなって思います。

船山：今の人って、〝人工的につくられたもの〟に慣らされ過ぎてると思うんです。食材にしても、料理にしても。〝つくられたもの〟と〝より自然に近いもの〟を比較したうえで、どっちかを選ぶんだったら、その人の自由だと思うんだけど、それを選べない状況にあるなと思っていて。今回、訪ねた農家さんたちみたいに、〝つくる〟んじゃなくて、自然とともに〝つくり上げていく〟っていう考えでつくられたものが本来の食べものだと思う。そうしたものが食べられるところは一部の限られた飲食店しかない。行けるのは一部の人たちだけだし、そうじゃない人にも食べてもらうには、自分がレストランから出て、料理をつくっていくしかないなって。より多くの人に、本物を伝えていきたいんです。

鈴木：ぼくらもそうですよ。そういう一部の人たちにだけ野菜を届けたいわけじゃない。オーガニックとかを知らない人たちにも、いかにして口にするきっかけをつくれるか。それもひっくるめて自分たちの役割だと思っていて。だからぼくたちも料理人と組むのが一番いいと思っています。

実際に食べてもらう「Dish on Delish」っていうイベントをぼくらがやっているのもそういうこと。料理人は食材が持っているストーリーとか背景とかをくみ取って、メニューに活かしてくれる。そういう視点がこれからの料理人には絶対必要だと思うし、普段家庭で料理する人たちもそういう意識を学んでいけたらいいなと思う。「この食べものはどういう背景で育っているのかな」って自然と興味が湧くきっかけにもなるはずですから。だから、ありとあらゆる手段でぼくたちは、消費者である食べ手と生産現場の距離を縮めるっていうのが、ミッションなんだと思っています。

船山：自分も生産者をまわったりしますけど、ミコト屋の2人とは、同じ志を持って一緒にやっていける人たちだと思っています。大切に時間をかけて育てられた作物を、より多くの人に届けるためにはどうすればいいのか。ミコト屋と一緒にこれから考えていかなきゃいけないなって思いましたね。

鈴木：今度一緒に「Dish on Delish」やりたいですね。やっぱり食べてもらうのが一番早いから。

船山：食以外の人たちも巻き込みたいですね。食に携わる人間だけだと、そこに集まるのはある程度コアな人たちになってしまう。間口を広げるためにも、食以外のクリエイティブな仕事をしている人たちも加わってくれれば、そこから広がっていくと思うんです。

鈴木：たとえば、クラフトだとかものづくりをやってる人たちとは「本当にいいもの」という価値で簡単につながれるんです。だから、雑貨店だとか、アパレルだとか、ほかのジャンルに食の代表として入っていくと、ていねいにつくられてる洋服とか、暮らしの道具とかを好きな人たちは、ミコト屋の野菜を知るとあっという間に興味を持ってくれる。そういう意味でも、もっと間口を広くしていきたいですね。底辺が広がっていく感じで。

船山：見せ方ひとつ変えるだけで、間口も広がる。ぼくも、もともと自分の家族だったり、自分のまわりの人たちに喜んでもらいたくて料理をはじめたのが原点なんです。自分のまわりにいる人たちから、本物の料理や食材を知ってもらって、「本物のおいしさ」に気づいてほしいし、「食べることって楽しい」ということをもっと広く伝えていきたいですね。

船山義規｜Yoshinori Funayama

得意分野は世界各国の郷土料理。「テロワールを媒介にした各土地に根づいた料理・多様な文化が混交した料理」の修業を重ね、日本各地のさまざまな農法を営む生産者との交流から、本物の食材ありきの料理を追求中。

with

料理家
有元くるみ

IFNi ROASTING & CO.
松葉正和

毎回ゲストを招いて、
ミコト屋のおいしい野菜を
食べるイベント「Dish on Delish」。
2014年8月に開催された
第4回のゲストは、料理家の有元くるみさんと、
「IFNi ROASTING & CO.」の松葉正和さん。
世界や日本各地を旅してきた
彼らが出会ったものや人。
そして、そこから生まれる料理とは？

「おいしい」でつながる関係

鈴木：くるみさんにはいつか、「Dish on Delish」に出てもらいたいなって思っていました。くるみさんとやるなら、夏だなって思ってたし、朝ごはんを食べるモーニングのイベントをやりたくて。

「ナチュラルハーモニー」の農業研修時代、ぼくら、朝の畑がすごく好きだったんですよ。朝4時くらいの、まだ太陽が上がったばっかりの畑ってすごく気持ちよくて。日中の太陽を避けて、昼にゆっくり休んで、また夕方から仕事する。その夏の間の生活が大好きで。だから、畑でみんなで朝日を浴びながら、その後、モーニングを食べるイベントをやりたいなって思ってたんです。朝といえば、コーヒーだし、コーヒーといえば、IFNiの松葉くんしかいないなと。ワン&オンリーのコーヒーを出す松葉くんは、コーヒーブームの波にのらずに、独特の世界を持ってるのが好きなんです。

有元：会場として使わせてもらった、「EAST FARM」の不破さんの畑にロケハンに来た時は、まだモーニングだけのイベントの予定だったよね。

鈴木：そしたら、もうすぐ、ピザ釜が庭にできるって話を不破さんから聞いて、夜もやることに。

有元：B&B（ベッド&ブレックファスト）がいいんじゃない？　ってね。結局、ディナーとモーニングの1泊2日のイベントになっちゃった。昨日の夜の空間、EASEのインテリアがとてもステキだったな。

鈴木：テーブルやイスと、デコレーションをお願いしたEASEさんたちが来てくれたおかげで、すごく良くなったよね。今回、フライヤーのデザインをやってくれたデザイナーさんとEASEさんをこのイベントに招待したんですけど、お金を介さない交換ができて、結果、お金よりも、楽しんでくれたんじゃないかな。

松葉：ものすごくパーソナルなイベントでしたね。通常ならイベントって、不特定多数の人が来るものじゃないですか。だけど今回は、どういう場所で、何を使ってという関連性がすごくはっきりしていた。だから、その人たちのために用意するというのは気持ちの入り方もぜんぜん違うし、自分たち自身も楽しかった。

鈴木：松葉くんのコーヒーって、松葉くんのものっていうよりも、一緒にやる人の、今回だったら、ぼくらのイメージをくみ取って、それを松葉くんがアレンジして表現してくれる。それがすごく気持ちいいんだよね。

有元：私も松葉くんにはいつも無茶ぶりするの（笑）。イタリアのイメージでとか、ベトナムのイメージでとか。それでコーヒーをつくってくれる。

鈴木：今回は「朝日エナジー」って伝えたんだよね。朝日のエネルギーを感じるような。

松葉：夏の太陽を避けて作業する、清々しい朝のだんだん明るくなる時間帯のイメージだったんですよね。

鈴木：野菜は、朝日を浴びて1日のなかの光合成の80％を済ませるんです。それぐらい朝日のエネルギーはすごいってことなんですよ。

有元：日が強すぎると、野菜はしぼむよね。

鈴木：そうそう。昼間は強すぎるから、ほとんど朝で済ませるんですよ。だから、ぼくたち人間も朝日は浴びたほうがいい。今回は、お客さんも一緒に不破さんの朝の畑を体験してもらって。朝採ったオクラとモロヘイヤがモーニングのメニューに加わったり。くるみさんは、メニューありきの料理じゃないから。

有元：その日の気分とかテンションによりますね。昨日のディナーのメニューは何となく決めていたけれど、あとは行き当たりばったり（笑）。材料を見ながら、思いつきでやっていましたね。

鈴木：ここの空気感とか、気温もあるだろうしね。モーニングで出したソーセージは、くるみさんにスパイスを調合してもらって、ぼくらの地元にあるハム屋「シュタットシンケン」でオーダーしたものなんです。店主の中山さんとは、ミコト屋をはじめた頃、地元のマルシェで隣にいて、気さくに話しかけてくれて。食べたらすごくおいしいし、お店をはじめた話を聞いていたらステキな方で。オーダーでもつくってくれるから、くるみさんにスパイスを選んでもらって、それを入れて、今回オリジナルでつくってもらったんですよね。

有元：インドで買ったスパイスを調合して、入れてもらいました。ミコト屋はしっかりとした、おいしい野菜をたくさんそろえてるから、私はあんまりお料理しなくていいんですよ。実際、調味料はほとんど持ってきてなくて。シンプルな調理法で十分おいしい。

松葉：ぼくは昨日、奄美大島から届いたパッションフルーツの果肉とコーヒーを合わせて、リリコイコーヒーを出しました。コーヒーも木の実で、その果肉のなかにある種が豆なんですね。だから、季節のフルーツを使ったコーヒーってできないかなと。あと、朝起きた時に飲む「薬膳コーヒー」をつくりたいなと思って、ハーブを入れて、気付け薬みたいなものをお出ししました。

今回はあえて、特徴のあるコーヒーじゃなくて、普通のものを使いました。フルーツを使うと味が変わるし、人間の好みもその時々で変わっちゃうもの。だからそれに合わせてコーヒーも、もっと自由でいいんですよ。

鈴木：2人を見てると、ワクワクすることとか、楽しいことをしたいっていうのが、エネルギーの源みたいなものになってますよね。それはぼくらも同じ。だけど、ぼくらだけじゃ、何もできないんだなってことに実は、最近気がついた（笑）。だからこそ、みんなでやれば、よりいいものができるんじゃないかって思ってます。

山代：いつもは宅配とか流通をやりながら、土日でイベ

ント出店してますけど、「Dish on Delish」ってイベントは、そのどれとも違うんですよね。お客さんに喜んでもらうことが一番にはあるけど、ゲストで来てくれる人たちのそれぞれの分野が活きることで、自然といいものができあがる。「おいしい」もそうだけど、それ以外の「いいもの」って、その場では見えなかったとしても、きっとつながっていく。「気持ちいいな」って思ったものって、誰かに伝えようとするじゃないですか。

松葉：くるみさんも、ミコト屋の2人も、人間が立ってるから、料理とか食材だけじゃないプラスの付加価値を感じますね。ものがいいだけじゃないっていう。結局、食べるものを通して、人が感じられるというか。

有元：類は友を呼ぶのかな。松葉くんもミコト屋の2人も、この仕事をはじめる前からいろいろなところに旅したりして、いろんな経験をして今がある。だから、みんなで持ち寄っておもしろいことができるんじゃないかな。

鈴木：農家さんも、料理家も、焙煎家も、みんなクリエイティブな仕事だよね。

有元：こういうイベントって気合いも入るんだけど、普段通り、日々の生活の延長を意識してる。食べた人が、おいしいもの、まずいもの、これはいいもの、よくないものっていうのを素直にわかってほしいんだよね。おいしいものや当たり前につくられてるものは「こんな味なんだ」っていうことをわかってほしくて。それに気づかないと、ちゃんとつくってる人たちを応援できないと思う。あまり口では言わないけど、気づいてほしいなと思って料理をつくっています。それだけ、日本人の食生活は危機的状況だと思うし、スーパーで買ってる人たちを見ると、「食べものじゃないもの」を買ってる人たちが多くてびっくりするんですよ。ただ「安い」からという理由でね。

鈴木：やっぱりどうしても、節約するものって食費になっちゃう。食べものは消えてなくなるものだと思ってるから。でも、それはなくならないし、むしろ自分の体をつくっていくものなのに。

松葉：体は入れものだから。

鈴木：それを知らせる手段として、「安いものには安いなりの理由がある」とネガティブキャンペーンで伝えるんじゃなくて、「ちゃんとつくられたものはおいしい」っていうポジティブなパワーに変えていきたいっていうのはあるな。ぼくらとつながりのあるオーガニック関係の人たちとも、遺伝子組み換えの問題とか、種の問題とかも話をしたりするし、そういう問題もきちんと知っておかないといけないから、消費者に伝えようとしてたんだけど、ある時から伝え方を変えようと思ったんです。もっとポジティブなエネルギーでも、変えられるんじゃないかなって。

有元：言葉じゃなくてもね。

鈴木：そういうことを話さなくても、おいしいものを食べてもらうことで、ちゃんと共有できるんじゃないかなって思ってる。だから、「Dish on Delish」はこれからも続けていきたいし、おいしいものをみんなに届けていきたいって思ってますね。

有元くるみ｜Kurumi Arimoto

モロッコ、スペイン、インドなど、世界中を旅しながら、その土地の食をテーマにした料理研究家として活躍。著書に『有元くるみのごはんアルバム』（主婦と生活社）がある。

IFNi ROASTING & CO.　松葉正和｜Masakazu Matsuba

10代から海外を旅し、様々なコーヒー文化・職人との交流をもとに、静岡市で「IFNi ROASTING & CO.」として店を構え、焙煎を中心に活動。流行に左右されない〝JUST COFFEE〟は、国内外にファンが多い。

with

MERCI BAKE

田代翔太

PERCH《ペルチ》

ミコト屋が扱う果物は、年中手に入らない。
そんな旬の時期にしか出合えない、
とびきりおいしい果物を使ってケーキをつくる
「MERCI BAKE《メルシー ベイク》」の田代翔太さんと、
イベント出店でミコト屋とよく顔を合わせるという
ペルチさんに、話を聞いた。

無理なく続けるために、必要なこと

鈴木：ケーキの世界って、見た目がすごく大事で、どうしてもきれいなものを求められるんですよ。でも、翔太は、キズがついたりしていても、喜んで使ってくれる。そういうケーキ屋もいるんだっていうのが、新鮮な出会いでしたね。

田代：きれいなものしか使わないっていうことに、ずっと違和感があったんですよね。でも、それしか知らなかったし、それが仕事だと思ってた。甘くなければ、甘くするし、酸っぱければ、その味を丸くする。おいしく加工することがぼくの仕事だと思ってました。だけど、そこにもずっと違和感があって。ミコト屋の果物を使うことに決めたのも「自然栽培じゃなきゃいけない」というつもりはなくて、単純においしいから。鉄平さんに初めてもらったプラムの味は、今でも覚えているくらい、感動的においしかった。だから、お店をオープンする前から、ミコト屋の果物を使いたいって話をしていました。果物だけじゃなくて、定番のキャロットケーキのニンジンや、こないだは北海道産の生のトウモロコシも使ってみました。キャラメルと合わせて、キャラメルコーン味のタルトを初めてつくってみたら、これが大好評で。

山代：でも、もうトウモロコシの時期は8月の半ばで終わっちゃったから、もう来シーズンまで入らないんだよなぁ。

田代：ミコト屋の発注リストを見て注文して、届いてからメニューを考えるんですけど、毎回、冒険です。来週何が入るか事前にわからないんで、お客さんにもなかなか言えない（笑）。「先週食べたあのケーキがおいしかったんですけど」と言われても、「すいません、もうシーズンが終わってしまったんで、来年です」みたいな。

山代：そんなケーキ屋、なかなかないよね（笑）。

田代：この間も、珍しいゴールドプラムというのを1回だけ入れてもらったんですけど、すっごくおいしくて。お客さんに「もう一度食べたい」と言われたけど、「来年もあるかどうかわかりません」って。

山代：1年のうち、ある時期の1週間だけしか採れないプラムなんです。去年は採れなかったけど、今年は採れたという珍しいものなんですよ。

——まさに、その一期一会のケーキに出合うためには、お店に通い続けないといけませんね。その出合いはいつ訪れるかわからないわけだから。

田代：そうなんですよね。常連のお客さんとかは、「いつぐらいまで食べられるんですか?」って聞いてくれるんですよ。採れる時期もそうですし、だんだんと味が変わってきたりするから、そうした果物のサイクルに、お客さんが合わせてくれるようになってきました。

鈴木：だからこのケーキ屋には、一年中、イチゴのショートケーキはないんですよ。でも、ショートケーキといえば、普通のケーキ屋なら売り上げの柱だし、あれば売れるもの。けれど、それをしないで、季節のものをちゃんと取り入れることで、自然のリズムを伝えようとしているのがすごくステキだなって。ケーキ屋でも、ちゃんと季節感を伝えることはできるんですよ。

田代：イチゴの時期は全部イチゴのケーキでいいと思う。

鈴木：翔太のつくるショートケーキ、食べてみたいよね。

山代：イチゴが出る時だけのね。

田代：専門学校で教えていた時、イチゴの旬を生徒に聞くと、みんな12月って言うんですよ。クリスマスはイチゴ、ハロウィンはカボチャみたいに祭事とセットになってるんです。本当の旬はぜんぜん違うのに。

山代：ぼくらも、旬のはずれた注文が入ることがあって、でも探すも何も、ないものはないから、どうしようもないんですよね。

鈴木：自分たちの都合に合わせようとするんじゃなくて、その季節にあるものでつくろうとすれば、つくれるはずなんですけどね。一年中、供給しようとすると、どうしても農薬を使わないと育てられない。

山代：とにかく無理矢理つくろうとするから、弱いんですよ。いろんな薬で守ってあげないといけない。特に、イチゴとか、見た目が大事な果物はそうなんです。

鈴木：ちゃんと自然のサイクルに合わせてつくられたものを選択して、買ってくれる人たちが増えれば、無理してつくる必要はなくなるし、逆に旬の本当においしいものを楽しめるようになる。「今は旬じゃないんだ」ってことにもっと気がついてほしいんです。自然を見抜くよりも、不自然に気づくというか、そういう感覚がみんなにあれば、「なんかおかしいな」って思うじゃないですか。

ペルチ：ぼくも、個人で活動する前は、カフェという、小さいコミュニティのなかのルールが基準だったから、さっきの話でいくと、ショートケーキをつくるために、パーフェクトを目指して最高のイチゴを集めようとしていました。でも、外に出てフリーで動けるようになっていろんな人と出会って、視野がすごく広くなったおかげで、だんだんと、今ある状態のなかでベストを目指すっていう考え方にシフトしてきたんです。カフェで出すカレーも、今までは一年中同じ材料でつくることに違和感がなかったけれど、ほかの方法もあるんじゃないかなって思いますね。

田代：旬もそうですけど、ケーキ屋ってたいてい、ショーケースに全部のケーキをそろえないとオープンしないんです。見栄えの問題で。でも、うちのお店は9時30分に開けても、ほとんどならんでなくて、朝はスコーンとかヨーグルトとかを出して、焼き上がった順に出していくスタイル。パン屋ではそういうお店も多いけど、ケーキ屋だとあまりなくて。だから、「ガトーショコラは何

時からですか?」とお客さんが聞いてくれる。1日中、いろんな時間帯で、目当てのケーキを買いに、いろんな人が来てくれるんですよ。

鈴木：ケーキって、毎日食べるものじゃないし、嗜好品。だからこそ、買う目的があるものだけど、「MERCI BAKE」はデイリーに楽しめるケーキ屋だよね。「今日は何があるかな?」って。

田代：週に2〜3回来る人が結構いますね。パン屋ぐらいのリズムで来てくれる。だから、誕生日の日しか買いに行かない特別なケーキ屋じゃないんです。ほんとは、もっと早く起きれば、たくさんつくれるのかもしれないんですけど、自分の働き方として、それはしたくなかった。夜も、今はまだバタバタしてるのでなかなか終わらないんですけど、早く終わらせて飲みに行きたいし、朝も寝たいし。長くお店を続けていきたいから、無理はしたくないなって。

鈴木：無理なく続けられるかたちがそれなんだね。

田代：やっぱり松陰神社前っていう東京のなかでもローカルな場所と人がそうしてくれてるのかなって。もともと和菓子屋だったところが閉店してしまって、そこで新しくケーキ屋をオープンさせたっていう成り立ちも良かったし。代々木八幡とか渋谷に近い場所でお店をやれば、人はたくさん来てくれるかもしれないけど、それに合わせて忙しいペースで仕事したくなかった。ここはのんびりした商店街だから、近所のおばあちゃんもふらっと来てくれるし、朝からやってるお店はまわりに少ないんですけど、でもやることに意味があるのかなって思ってやっています。

鈴木：あるよ。それでうちも開けようかなって思う人が出てくるかもしれないし、元気な商店街は朝早いから、健康的なリズムでいいよね。ペルチも今、お店を持つか持たないか、いろいろ悩んでるんでしょう?

ペルチ：普段はカフェで働いてるんですけど、毎週金曜日だけ、とあるお店に立ってたんですよ。ある時オーナーに、そのお店をやらないかと言われたんですけど、なぜかワクワクする感じがしなくて。たぶん、自分がつくった空間じゃなかったから、自分でつくってみたいという思いがあるのかなって。

鈴木：ぼくらも、どうしてもお店を持ちたいという願望はなくて。タイミングとか流れとか、必要なものが必要な時に、出てくるだろうって考えてるから。ぼくらはお店を持たずにイベント出店したり、外に出て行くことでペルチにも翔太にも出会えたわけで、それは今のミコト屋の軸になっていて財産なわけですよ。だからペルチも、ぼくら以上に、いろんなところに呼ばれて、おもしろいところにいっぱい行って、そこでやってきたことや人との出会いの集大成として、お店を持つのはいいんじゃないかなって思う。

ペルチ：今はお店を持たないからこそ、やれることもたくさんあって。いろんなところに行って、その土地にあるもので何かを考えたり、いろんな人との出会いもある。ミコト屋と同じように、移動しながら、そこで受けた影響やつながりでやっていく感じが、今は楽しいですね。

MERCI BAKE　田代翔太｜Shota Tashiro

フランス・リヨンの菓子店で学び、帰国後フリーランスで講師やケータリングに携わる。2012年、参宮橋「LIFE son」のパティシエとして立ち上げに参加。2014年7月、ケーキ屋「MERCI BAKE」を世田谷・松陰神社前にオープン。

PERCH｜ペルチ

千駄ヶ谷のカフェ「Tas Yard」に立つ傍ら、ヴィンテージのキッチン用品の販売や、ドリンクのケータリングなどマルチに活動。「PERCH」とは、知り合いのメキシコ人夫婦が飼っているトイプードルの名で「毛むくじゃら」の意味。

コラム3◉旬と端境期《はざかいき》

日本には美しい四季の移ろいがあります。しかし、四季は日本に限ったものではなく、地理的に見れば、日本と同じくらいの緯度にある国々にも四季があります。しかし日本のような「四季」という考え方はないようです。それは、季節というものが単純に緯度で測れるようなものではなく、気候やそれに伴う風土があるからです。

それは当然「食」の文化とも深くかかわり合っています。旬の食材をその季節ごとに食べ、その時々の味覚を目や舌で味わい、これからやって来る季節に想いを馳せる。先人たちは旬の食材同士の絶妙な取り合わせを見つけ出し、その季節ならではの喜びを感じてきたのです。

そもそも「旬」とは、暦的には「じゅん」と読み、日（1日）、週（7日）、旬（10日）、月（30日）、年（365日）という単位のなかのひとつです。月のなかでも「上旬」「中旬」「下旬」というように、約10日の単位をいいます。また、「しゅん」と読む時は、1年でたったの10日間、野菜や果物、魚介類などが一番おいしい時期を指す言葉なのです。

大地はその季節ごとに人間が食べるべき恵みを与えてくれます。春の芽吹き野菜は、冬の間にたまった体のなかの老廃物を排出してくれますし、夏野菜は、暑さで衰えた食欲や停滞した代謝を促してくれます。秋から出はじめる根菜類は夏の疲れを回復させ、冬に向けて栄養を蓄える作用があります。冬になれば、根菜類も葉菜類も糖度を高めて、冷えた体を温めてくれます。そうやって旬のものをとることで、ぼくたち人は、本来持っているバイオリズムを取り戻すことができるのです。

とはいえ、最もおいしく豊かに実る旬もあれば、当然ながら作物が採れない季節もあります。いわゆる「端境期《はざかいき》」です。季節の変わり目に野菜がなくなる時期のことをいいます。

ミコト屋で販売している野菜は、基本的に旬なものしかありません。だから、夏と秋の野菜が終わって冬野菜が出回るまでの時期や、冬と春の野菜が終わって夏野菜の収穫までの時期は野菜がそろわず、大根ばかり続く時や、山菜で対応することもあります。でもきっとこういうことが、自然のリズムとともに暮らすことなのだと思うのです。

スーパーなどに行けば、年中、同じ野菜が山積みされています。季節の移ろいはあいまいで、旬や端境期は見えてきません。作物は本来、気温や湿度を感じ取りながら、自分に合ったリズムで育ち、自分にふさわしい季節に実りをつけるもの。採れる時は採れるし、採れない時は採れないものなのです。だからこそ工夫や知恵が生まれるわけです。大根ひとつをいかにいろんな調理法で、日々飽きないように食べるか？　メニューありきではなく素材ありき。あるものでメニューを考えるという、自然な考え方です。

本当は、料理ってもっとクリエイティブなものなんじゃないかと思います。季節に沿っていれば、クリエイティブにならざるを得ないともいえます。もしかしたら一年中同じものが買えるという環境こそが、料理する側の思考する機会を喪失させているのかもしれません。

クリエイティブに料理する楽しさが日々の台所にあれば、食卓はきっと豊かになる。そして「またおいしい時期になったね」とめぐりゆく野菜が、季節の便りになってくれるでしょう。

これからのミコト屋

4

The future of micotoya

八百屋という仕事

ぼくらが小学生の頃は、まだ地元にも鉢巻きを巻いた威勢の良いおじさんと、吊り下げられたざるに釣り銭が入っているスタイルの八百屋がありました。母親の買い物について行くと、必ず果物なんかをおまけでくれるガラガラ声の親切なおじさん。
「今日は白菜がうまいよ。この小松菜は柔らかいからサッと茹でてお浸しがいいよ！」ってな調子で夕飯の献立までアドバイスしてくれる。夕方には人が群がるこうした八百屋は、きっとかつてはどの町にもあったはずです。

今となっては、野菜は八百屋で買うというより、駅などに隣接したスーパーマーケットで買うものという認識のほうが強いかもしれません。郊外には大型複合施設のなかにスーパーみたいな小売店があって、必要な買い物がそのなかですべてそろってしまう便利なシステムが成り立っています。

〝特売〟と銘打った安売り商品があったり、きれいな野菜や切り身など小分けされた魚が整然とならぶ。「食の安全」の声があがれば、生産者の顔写真つきで売られるようになり、携帯でQ

Rコードを取り込めば、生産者のみならず、生産過程まで見られる仕組みも考え出されています。

買い物する際にコミュニケーションは不要で、機械的にものを買うことだってできるのです。消費者にとっては便利でありがたいシステムが整ったのかもしれません。

でも、かつてのように八百屋の近所に魚屋が、そのならびには肉屋が、向かいにはパン屋と豆腐屋があった商店街は不便だったのかと思い返してみると、そうでもないと思うのです。

野菜と魚の売り場の距離が短くなったといっても、歩いてまわれる商店街とそんなに差はない気がします。少しの距離と少しの時間を縮めたことで、あらゆる無駄が増え、人とのつながりは希薄になり、食が簡素化したこともまた事実です。

そもそも「利便性」と「健康」や「人とのつながり」は天秤にかけるものではないのかもしれません。でもやっぱり人はほかの誰かとのぬくもりのなかで生きていたいのではないかとぼくは思うのです。

さかのぼればこの国には、値段や便利さよりも尊ばれる粋や人情、徳を積むなど、違うベクトルの価値観が庶民の暮らしに息づいていたはずです。

だからぼくたちは、昔ながらの町の八百屋みたいな存在になりたいと思ったのです。店舗はなくとも、コミュニケーションやつながり、粋や人情を大切にする八百屋でありたいのです。

八百屋の存在意義

八百屋というのは、生産者と消費者をつなぐ仲人のような仕事です。ただ良いものを仕入れるだけではなく、その野菜がどんなところで、どのように、どんな想いで育てられたのか。八百屋にはその本質を伝える責任があると思うのです。

そのためには産地を訪ねた後も、畑の状況や、農家さんの体調や心境なんかもなるべく把握しておく必要があります。

産地担当の徹は、たぶん日本一農家さんと電話していると思います。発注の際だって、FAX1枚やメールで「○○ください」「はい、送りました」でも事足りるのですが、あえて直接電話しています。

「そっちの気候はどうですか?」とか、たわいもない話も含めて畑の状況を確認したり、「あぁ、今日は農家さん元気ないな」と思えば、様子をうかがったり。そうした日々の積み重ねが、お互いの信頼関係にもつながっていくのです。一見するとアナログなやり方のようですが、実は一番効率的だと思っています。

単純に野菜を販売するだけではなく、ぼくたちは野菜に農家さんの想いやストーリーをのせ、コミュニケーションを通じて〝価格〟ではなく、〝価値〟を高めたいと思っています。

野菜が持っている「お金に換えられない何か」を探り、伝えていくことに注力したい。

そして、この野菜はどうやって食べればおいしいか？　定番から意外なものまで、レシピとともに伝えることができれば、知らない野菜でも、料理する人の背中を押してあげることができるかもしれない。保存方法や賞味期限が明確なら、もっと気楽に買えるかもしれない。野菜の歴史や栄養のことを知ったら、もっと野菜が身近なものになるかもしれない。

そうやって、野菜のことを深く知り、正しく伝え、野菜を楽しむためのアイデアやレシピを提案し、豊かなベジタブルライフをサポートしたいと、宅配セットに入れるチラシをつくったり、販売する際にお声がけしたりもしています。

さらに大切な役目がもうひとつ。それは食べてくれた人たちの声を農家さんにお返しすること。そうやって生産者と消費者の距離を縮めることが、流通におけるぼくらの役割だと思っています。

八百屋には、買ってくれる人、食べてくれる人たちが、農家さんの人となりやストーリーに想いを馳せてもらえるような努力も必要だと思うのです。

「いただきます」をする時、食卓にあがった一品一品について、ぼくたちはどれだけ知っているでしょうか。

たとえば、このお米は田舎のおじいちゃんが育てて送ってくれたもの、味噌汁は自家製の味噌に、マルシェで買った鹿児島のサツマイモをたっぷり入れて、この煮物はお隣さんからのお裾分け、それに自慢の自家製ぬか漬け……。

素材の一つひとつに人の想いが詰まっている、そんな食卓が、ぼくたちが思い描く理想の食卓であり、そのサポートこそがミコト屋の役割なんだと思っています。

最終的には、ぼくらみたいな八百屋がなくなるくらいで、ちょうどいいような気がしています。

実際、地方に行くと、野菜は「買うもの」というよりも、「もらうもの」や、自分たちで「育てるもの」という意識があります。けれど、都市部においては、人口密度のアンバランスもあり、地域内だけでまかなうことは到底難しいのが現実です。

そこに、ぼくたちのような八百屋の存在意義があります。しかし、消費者がそれぞれ直接農家さんから買ったり、少しずつでも自分の家庭菜園で野菜を育てたり、仲間同士で田畑をシェアしたり……なんてことが増えてくれれば、ぼくたちのような八百屋はお役御免となるかもしれません。

でもそれは消費者が確かな感性で物事をジャッジし、自らの選ぶ目を持っている時であり、そうなった時はすごくいい世の中になっているのだと思います。そんな社会ならどんどんウエルカムです。

その時、ぼくたちはまた新しい何かをはじめればいい。そんな日が来ることを目指しながら、ぼくたちは今日もベジタフォーな旅を続けるのです。

ぼくたちの消費を変える

ファッションやスポーツ、アートなど、趣味や娯楽に対する消費は、暮らしを豊かに彩るために大切なものです。特にぼくたちの世代は、洋服や電化製品など、気に入ったら結構な金額でも惜しまず払いますが、こと「日々のごはん」となるとあまりお金をかけない人が多いのです。そこにはやはり「食べものは後に残らない」という意識があるからだと思います。

確かに食べものは口に入れれば見えなくなってしまうし、服や雑貨のように何度も着たり、眺めたりすることはできません。〝満足感〟という意味では、瞬間的なものかもしれません。

しかし現実には、食べものほど後々に残るものはないのです。それはぼくたちの体は、食べたものと飲んだものでできているからです。人間の体は7割が水分で、残った3割のほとんどが炭素だといわれています。炭素とはぼくたちのエネルギー源、つまりタンパク質や脂質、炭水化物などのもとになるものです。それは今日食べたごはんであり、明日のぼくたちを育んでいる源なのです。だから日々の食卓をおざなりにすることは、自分自身や家族の体までをもおざなりにしているということになるのです。

また、日々の食卓にはお金をかけられないという理由がもうひとつ。それはしっかりとした食材は「高い」という意識です。毎日毎食のことだからこそ節約しなくてはいけないと思っているからでしょう。もちろんそれもよくわかります。ただひとつだけはっきり言えることは、こだわりの食材は決して「高い」わけではないということです。むしろスーパーや安売り店にならぶ食材が「安すぎる」だけだと思うのです。

ひと口に野菜といっても、小さな農家さんがわずかばかりの畑に手をおろし、自然の力でゆっくり育てる一本のニンジンと、大規模な農家さんが見渡す限りの畑で、重機や化学の力でもって育てるニンジンが、同じ土俵で相撲をとっているわけです。

確かな材料を使い、ていねいに手間ひまかけてつくられたものは、食べものであれ、暮らしの道具であれ、それなりの価格を伴います。

一方、安いものは、もっぱら材料が粗悪だったり、効率化重視のいい加減な生産管理だったり、海外の安い労働力に頼ったものだったりといった背景があるのも事実です。

もちろん安さの実現には、生産、販売サイドのあらゆる経営努力もあってのこととは思います。だけどその気になれば、それが何の材料から、どんなところで、どうやってつくられたかを知ることは難しくないように思います。

ほとんどの「安さ」は、海の向こうの誰かによる過酷な労働と低い賃金で成り立っていたり、大量生産と大量廃棄の繰り返しで成り立っていたり、大気や土壌を汚染することで成り立っているということに気づくのです。

そうやって成り立っているものにお金を落とすということは、悪気はなくとも、その生産元や生産過程を支援しているということにつながってしまうのです。翻《ひるがえ》ってそれは、その先の未来に負の遺産を残していくことにもなるのです。

確かに、さまざまな問題や危機は、自分の目の前にリアルに現れないと意識的に考えにくいものです。たとえば、地球の資源枯渇、未来の水質汚染、彼《か》の地の紛争……。

ありとあらゆる問題は、自分と距離があればあるほど、他人事になってしまいがちです。でも本当は広い世界も、この先の未来も、すべて今の自分とつながっている。だからぼくたちは、もっともっとイメージすることが必要だと思うのです。

だからといって、ストイックなオーガニックのススメや、良質なものばかりを買い集めましょうと言いたいのではありません。安くていいものだってあるでしょう。ただ、自分たちが普段口にしているものや着ているものが、どうやって生まれ、どこからやって来るのか、その背景にもう少しだけ想いをめぐらせてほしいのです。

そして何を食べるか、何を着るかという選択が、社会と未来にどんな影響をもたらしているのかということをイメージしてもらいたいと思うのです。

農薬を使うということ

農薬の有害性は、一番身近な農家さん自身が身にしみてわかっています。ミコト屋がおつき合いさせていただいている農家さんも、実際、この農薬の恐ろしさを身をもって知り、無農薬に転向したというケースが多いのも事実です。雲仙の岩崎さんもそうでした。

かつての岩崎さんは地元の生産部会のリーダーとして、農薬を使った栽培に率先して取り組んでいました。いかにして虫や病気を抑えるか、そのことに対して自信もあり、人一倍農薬を使っていたそうです。

しかしちょうどその頃、体の調子がどうもすぐれず、病院を転々としても理由ははっきりしません。うっすらと農薬が原因ではないかと感じていましたが、病院の先生には「そんなことは絶対ない」と聞き入れてもらえなかったといいます。日に日に農薬への不信感が高まるなか、ある事件が起きました。

その年、新しい農薬で共同防除が行われました。地域の農家さんが集まり、70mほどのホースをみんなで持って散布したその後、かなりの数の農家さんが体調不良を訴えたのだといいます。皮膚浸透性のあるその新しい農薬は、1人の農家さんのいのちを奪いました。以来、岩崎さんは農薬をやめる決意をしたのだそうです。

そうした危険がわかりつつも、農家さんはなぜ農薬を使うのでしょうか？　その理由は、ただひとつ。今までも述べてきた通り、一般の市場では、規格外の野菜は受け入れてもらえないからです。

「危険な農薬なんか使わないで！」と声高に叫ぶことは、高齢化する農家さんの事情を考えると軽々しくは言えません。

無農薬の農業に興味を抱きはじめた頃、ぼくは慣行農家さんに「農薬をやめないのですか？」と聞いたことがあります。その農家さんは言いました。

「お前は、百姓やったことあるのか？」と。

その年、ぼくは農業の世界に飛び込みました。知らなきゃいけないことがあると思ったからです。夏場の日照りのなかで、一日中腰を曲げて草を取ることは本当にしんどいものです。虫を手作業で取り除くことは、気の遠くなるような作業でした。あげくの果てに規格に合わなければ売れない。これは農家さんにとって死活問題です。農家さんを一方的に責めるだけでは、状況は何も変わらないことを知りました。

また、今の社会構造では、国や農協まかせでは何も変わらないことも知りました。それはぼくたちがミコト屋をはじめるきっかけにもつながっていくのです。

極端な言い方をすれば、消費者が見た目にこだわり、農薬を使用した野菜を買うということは、「農薬使用に賛成します」という意思表示になります。消費者が望むからつくられるのです。

消費者であるぼくたち一人ひとりの選択の積み重ねの結果が、こうした規格の流通をつくってきたのです。

逆にいえば、消費者が買わなければ、誰もつくらなくなる、そうも思いました。でも不買運動を促すなんて嫌でした。
「だったら、農薬を使わないからこそ育つ、おいしい野菜を広めようじゃないか！」

当時そんな気持ちが湧き上がったのを覚えています。

ミコト屋をはじめてから、ぼくらの農薬への意識は、さまざまな活動を通じていろんな感覚へと変化していきました。

たとえば、希少な在来作物を次世代につなぐ農家さんの使命感は計り知れません。けれど、「農薬を使わなければ、この種が残せないかもしれない」。そんな状況になった時、ぼくたちはどうすればいいでしょうか？「農薬を使ったから、ミコト屋で取り扱いはできません」なんて、そんな不義理なことはしたくありません。

また、今まで農薬を使っていた農家さんが、自然栽培に切り替えようとしているとしましょう。畑の全面積を一度に無農薬、無肥料に切り替えて、うまく育たなかったら、その農家さんの暮らしが立ち行かなくなるかもしれません。だったら慣行栽培と並行して、少しずつ自然栽培の面積を広げていくのもいいかもしれない。

そんなふうに、頭でっかちだったぼくらの農薬への嫌悪感も、ミコト屋の活動を通じて柔軟に変化してきました。農薬自体を支持するつもりはないけれど、必要な時も場合によってはあるのかもしれない。それが信頼している農家さんの判断ならば、ぼくらは基本的に支持したいと思っています。そして農家さんも、そんなぼくらの気持ちに応えるべく、ぎりぎりまで踏ん張ってくれたりするのです。

消費者の小さな意識の集まりは、つくり手の意識を変えます。それはやがて大きな力となり社会を変えるほどの力になるのです。

農薬の使用量は年々増えています。それは虫や病気が増えていること、つまり土の力が弱っていることを意味します。未来に健全な土を遺すことができるのか？　その鍵を握るのもまた、ぼくたち消費者なのだと思うのです。

消費が社会をつくる

お金とかかわらずに暮らす知恵と技術を持って、山のなかで完全な自給自足ができたなら、それは本当にすばらしいことだと思います。

ぼくらの仲間や、ミコト屋に野菜を送ってくれる農家さんにも、お金とほとんどかかわりを持たずに暮らしている人たちがいます。その暮らしぶりはプリミティブでとても美しい。ないならないなりに工夫したり、代わりの何かを生み出したり。そんな創造的な毎日は、ぼくらにとって憧れでもあります。

しかし、そうした暮らしを誰もが簡単にできるとは限りません。ほとんどの人にとってお金は、社会を生きるうえで切っても切り離せない存在です。

ならば、そのお金とどうつき合っていくのか？　ということに、ぼくたちはもっと意識を向ける必要があるはずです。

「どうやってお金を得るのか？」

「どうやってお金を使うのか？」

お金と上手につき合い、心地良く暮らすポイントはここにあると思うのです。

ぼくたちは働くために生きているのではなく、生きるために働いています。生きる糧を得るために働き、その対価としてお金を得ているわけです。

生きるために働き、生きるために食べ、生きるために着る。

すべての目的は、「楽しく幸せに生きること」であり、働くことや食べることは「いかに生きる」か、そのための選択です。だからこそ、その選択にはこだわりたいと思うのです。

ミコト屋の拠点がある横浜市北部では、ぼくが子どもの頃から家族や仲間と通った小さな飲食店がどんどん看板を下ろしてしまっています。もしかしたらお店のまわし方が悪かったのかもしれませんが、味もホスピタリティもバッチリで、良質なお店ばかりでした。

つまりは社会の大波にのまれていったのでしょう。代わりにチェーンの飲食店が入り、大型のショッピングモールが増え続けています。もちろんファストフードも時には便利なものです。長居できるファミレスだって、時にはお世話になったりもします。

でも本当はチェーン店の食事より、個人のレストランのほうがおいしいということにみんな気づいているはずです。ごまかしのない調理、しっかりとした食材、手間も原価率も格段にかかっています。よく考えれば経済的にもお得なものなのです。

ちょっとクサいことを言わせてもらえば、やっぱり「料理は愛情」です。おふくろの味が恋しいのは、愛妻弁当がうまいのは、そこに愛があるからでしょう。

だからぼくは、ファミレスで、アルバイトくんが「早く帰りたいなー」なんて思いながら、マニュアル通りにつくったハンバーグよりも、小さな定食屋のおばちゃんが、「おいしくなれよー」って、ていねいにこしらえたハンバーグを食べたいと思うのです。

それは食べることだけにとどまらず、着る服や暮らしの道具だって、気に入ったものと長くつき合うほうが、気持ち良く過ごせるはずです。そしてそれは、良心的でごまかしのないものをつくっている人たちの、暮らしを支えることにつながるのです。

人はあまりお金のことについて話したがりません。それは、お金は「汚いもの」「卑しいもの」といった意識がどこかに潜んでいるからかもしれません。

けれど、果たしてお金に罪はあるのでしょうか。もし罪があるとすれば、それを得る人や使う人の心のなかにあるはずです。お金をきれいなものとして扱い、生きたお金として大切に使うならば、お金は美しいものであり続ける。「きれいごと」だと思われるかもしれません。でもきっとそれは、多くの人を助け、より良い社会へと導くポジティブな力になってくれると思うのです。

どこの国で生まれ、どんな家に住み、どんな友だちと出会って、どんな恋愛をし、どんな本を読み、どんな音楽を聴き、誰と何に囲まれて毎日を過ごすのか。そんな日常の積み重ねや暮らしのあり方が、この町、この国、この世界をつくっていく。

同じようにこの社会も経済も、自分たちの消費で成り立っている。そこにちゃんと意思と責任を果たすことができれば、世界はいかようにも変わっていく。そんなふうにぼくは思っています。なぜならぼくたち一人ひとりの力は計り知れないほど大きく、その選択権はぼくたちの手のなかにあると思っているからです。

少し背伸びして言わせてもらえば、ぼくは、今の不平等で不条理な社会を変えたいし、より良くしたいと思っています。じゃあそのなかで、ぼくたちみたいな小さな八百屋ができることはなんだろう?

それは野菜を通じて消費者の意識をポジティブに変えていくことです。だからぼくたちは、ていねいに育てられた野菜や果物を仕入れ、胸を張って適正な価格をつける。そしてその適正性を感じてもらえるように販売をするのです。そうやって、食の分野から社会の消費動向を変えていきたいと思っています。

とはいえ何かを選ぶことは、自由で開放的であるべきです。好きな音楽を聞いたり、好きな服を着たりするのと同じように、好きな野菜を選んで、好きなものを食べるのが一番です。好きなものに囲まれることは何よりも幸せなことです。

ただその時に、自分たちの幸せだけを願うのではなく、自分たちの幸せが、ほかの人の幸せやその先の幸せをつくる。そう思い描けたなら、その幸せはきっと循環する。

ミコト屋の活動を通して、そんなことを伝えていけたら最高です。

これからのミコト屋

誤解を恐れずに言うと、ぼくたちは、自分が楽しくて、なおかつその仕事が社会や他人に必要とされるのであれば、別に八百屋じゃなくてもよかったのかもしれません。実際、好きなことを仕事にしているというより、仕事を通じて好きなことをしているような気がします。

今でも本当に野菜が一番好きなのかと問われれば、答えは「ノー」です。もちろん野菜は大好きですが、ぼくはお肉だって好きだし、好きなものはほかにもたくさんあります。

それでも確かなのは、ミコト屋という小さな商いが、自分に大きな幸せを感じさせてくれているということです。そう思えることで、自分自身もミコト屋のことがどんどん好きになっていくのです。これは本当にありがたいことだと感じています。

さらにありがたいことには、ぼくたちにはまだまだやらなければいけないこと、やりたいことが山のようにあります。

売り上げの核となる宅配の件数は、緩やかな右肩上がり。本当は、もっと多くの人に野菜を届けたいし、少しでも生活に落とし込めてもらえる努力も必要です。課題だってまだまだたくさんあります。

正直なところ、まずもって八百屋は無駄のかたまりです。

産地からぼくたちのところに来ることによって、送料が無駄。輸送のエネルギーも無駄。鮮度的にも無駄。無駄を売って稼いでいるようなもんです。そういった無駄をどう省いていくか。それはこれからの課題です。

またご縁があれば、やっぱりそのうち店舗も持ちたいと考えています。お店でデリを販売すれば、野菜のロスに対する不安も和らぐし、思い切った発注だってできるからです。

あとはもっとコアな旅もしたいです。日本〝大根〟紀行とか、〝漬物の旅〟とか。日本が誇るべき各地の伝統的な食文化は、国内だけでなく海の向こうにも発信したいし、交流もしたい。ミコト屋と縁のある畑をめぐって、畑のレストランツアーもしてみたい。

ぼくらは不定期ですが「Dish on Delish」というイベントをしています。毎回ゲストのシェフを招いて、ミコト屋が厳選した野菜や食材をライブで調理してもらって、みんなで食卓を囲むというものです。ロケーションもキッチンスタジオだったり、農家さんのお家だったりさまざま。今後もいろんな土地でこのイベントをやっていきたいと思っています。

「Dish on Delish」は、まずミコト屋の野菜を食べてもらいたいという気持ちもあるのですが、食べることは単純に、シチュエーションによって大きく変化するものだということを意識してもらう狙いもあります。

「何を食べるか？」ということの前に、「誰と」「どこで」「どうやって食べるか？」によって、食べることの楽しみはどこまでだって広がっていく。

初めて会う人たちと一緒に食べること。食材の背景をイメージして食べること。自然のなかで食べること。みんなでワイワイ食べるのは最高だし、時には1人で物思いにふけって食べるのもいい。いろんなシチュエーションで味わうことは、シンプルに食べることのおもしろさや奥深さを教えてくれます。

ワクワクするような「いただきます」を、もっともっと提供することで、食べることに興味を持ってもらえたら、自ずと選ぶ食材だって吟味したくなる。そうしたら今よりもっと心のこもった「ごちそうさま」が聞こえてくるはずです。


今、ぼくたちのような小さな商いで、自分たちの想いを表現している仲間が増えています。ファーマーズマーケットや良質なグローサリーストアなども格段に増えました。それは多くの人がこれまでの依存型の消費ではなく、自立型、参加型の消費を求めている証なのだと思います。

そんな頼もしいマーケットが確実に育っているなか、あとは生産側のリスクや負担をどれだけ軽くできるか。八百屋としては、もっと若い生産者や、これから新規で就農しようとしている人たちが安心して栽培に取り組めるようなサポート体制を整えなければいけないと思っています。

とはいえ、まずは目の前にあることを一つひとつ積み上げていくことからしか、未来は変わりません。今、ぼくが伝えようとしていることで、誰かの未来やこれからの未来が、少しでもいいように変わるなら、こんなうれしいことはありません。

さて、いよいよこの拙稿ともお別れです。

最後は八百屋らしく、「食べること」について、ぼくらが伝えたいことを書きたいと思います。「食べることは生きること」。ずっとそう思ってきました。だからといって「安心、安全なものを食べましょう」なんて当たり前のことを言うつもりはありません。本当は目の前にある食べものが、自然なのか、不自然なのか、ぼくらはそれを本能的に判断することができるはずです。

昔の人が雲の動きで天候が読めたり、星の瞬きで方角がわかったり、風の便りや虫の知らせを感じたように、ぼくらのなかにもそうした自然と調和した感覚が、きっとまだ宿っていると思っています。たとえば、朝日を浴びたり、風に揺られたり、星を眺めたり、そんな身近なところにもあるかもしれません。山に登ったり、森を走ったり、海を泳いだり、自然とガッツリ遊ぶことで見つかるのかもしれません。そして、それは自然の恵みをありがたくいただくことで見つかることもあるかもしれません。

いずれにしろ、いつだって自然は、ぼくたちのすぐそばに寄り添ってくれているのです。どんな時代であっても、どんな社会であっても、その自然と調和した感覚はぼくらをより良い方向に導いてくれることでしょう。

だからミコト屋は、自然とともに生きることのきっかけを、野菜を通じて届けたい。

そんなふうに思っています。

ミコト屋をはじめて5年。相変わらずぼくらの変化は鈍亀のごとくノロいままです。うまくいってははしゃぎまわり、ズッコケては嘆きうつむき、そんな毎日の繰り返しです。

でもきっと人生はワンツーパンチ、3歩進んで2歩下がる。ぼくたちにはそれくらいがちょうどいいのかもしれません。遠まわりも道草も、酸いも甘いも、全部ひっくるめてぼくらは楽しんでいこうと思っています。

みなさま、これからも青果ミコト屋を、どうぞご贔屓《ひいき》に！